U0136858

華志文化

華志文化

陌生開發
故事多

站在最痛苦的地方、痛快卻只有一步之遙

葛京寧◎著

一部用腳走出來的保險陌生開發的故事書

- 掃街的故事與心得
- 業務的故事與心得
- 夥伴的問題

掃街,嚴格來說並非陌生拜訪,應只是業務通路之一,如何善用彼此有共識的風俗、人文、民情、語言…等所融合出的味道,創造話題,形成共識,直達人心,此時眼前的陌生人在我們眼中就是最親切的,只要多見幾面,就有了三十年的交情。夥伴們在閱讀時,除能針對故事的闡述,輕易且快速吸收外,在內心深處亦能醞釀一股新生的力量,如大河般遠遠流長源源不絕。

【前言】其實不陌生

　　陌生開發雖是與陌生人接觸，但我認為，我們所對面的任何人，雖然當下不認識，但一點都不陌生，因為在認識之前，彼此已有許多共識相知的基礎，譬如社會現象、生活用語、共同習性、傳統文化、在地風俗、教育養成、人文風情...等共通的行為或語言，在拜訪的過程中，都能製造話題，增進情感的交流，引導業務的進展。

　　如果 DS 是在不同的國家進行，那才真是挑戰，不要說在賣場中如何進行溝通，可能望著街道商店，寸步都難行！所以說，在地的拜訪，有在地的資源，善用環境的優勢，陌生人也就半熟了。

　　花蓮地震造成大災害，國人有錢出錢有力出力，搶救待救援的居民，這是一份發自內心的同胞愛，但在還沒發生地震前，大家可能都不認識，但在危難的時刻，沒有彼此，不談交情，同心協力傾囊相救，只因為大家是同胞，有相依的土地，共同的生活回憶，一起走過的生命歷程，而這一切的一切，只證明彼此有多熟，其實不陌生。

　　筆者專職 DS 教學已有十二年，其中「市場實作」已帶超過一千三百位夥伴以親身示範的方式走進市場，我常開玩笑地說：「台灣除外島及墾丁大街外，其他縣市我全都掃過，甚至充滿鄉村景觀的三線城市，都曾留下夥伴及我的足跡。」但就拜訪的經驗而言，風俗雖有南北之差，民情亦有地域上的不同，但在台灣最美的風景不是人的外表，而是多年來因社會發展、教育普及、文化融合及藏在每人心中的那份「人文關懷」，表現在本質上的「人情味」就特別濃厚。而這份人情味讓陌生拜訪不再遙不可及，讓我們與陌生人之間不再有天上地下的距離。

　　其實當初會去掃街是迫不得已的決定，名單在下降，能經營的人愈來愈少，轉介紹、打電話、設攤的方式都嘗試過，但

效果不彰,在無計可施的情況下終於上了街頭,也在無人可教中自行摸索,過程中真如瞎子摸象也似瞎子過河,摸到什麼是什麼,都認為那是千真萬確的市場經驗,在自以為的假象中,真象與想像如天差如地別,挫折滿苞遍體鱗傷,真有不如歸去的感覺!心中感慨道:「陌生拜訪是一個做功德的通路,只會浪費時間,最後搞死自己!」就當我快被D死的當下,店家的一通電話,打破了蒙在心頭上的陰影,對方因看我拜訪多次,幾經思量後,在小孩即將增加保險年齡的前一天,幫小孩買了一張保單。這張保單的成交石破天驚,打醒了沉浸在負面情緒的我。猛然一想,原來陌生人也是一般人,有情緒也有需求,擁有熟人所有的一切,只因彼此沒關係,無法連上線,但只要透過方法、技巧,一樣能夠快速上線,且化細線變為粗線,化陌生人為熟人,因為只要是「人」,就絕對有共通點,就能引導需求,創造陌生市場的奇蹟!

所以「掃街」,嚴格來說並非陌生拜訪,應只是業務通路之一,且如何善用彼此有共識的風俗、人文、民情、語言...等所融合出的味道,創造話題,形成共識,直達人心,眼前的陌生人在我們眼中就是最親切的朋友,只要多見幾面,就有了三十年的交情。

★目錄/（陌生開發故事多）

★前言 / 其實不陌生 /5

★〔第一篇〕掃街的故事與心得

(1) 掃街這一仗

    1. 運作時間：18 個月 (3 個月 1 期)

    2. 拜訪期別：6 期

    3. 每期拜訪：500 家

    4. 合計拜訪家數：3,000 家店

    5. 成交人數：40 人

    6. A 級準客戶數：60 人

    7. B 級準客戶數：240 人

    8. 緣故化準客戶數：120 人

    9. 準增員對象：40 人

    10. 合計約 500 位有效名單。

(2) 3,000 不只是數字

    掃街 3,000 家店是我經過多年帶 DS 班後所累積的經驗值，它所代表是陌生開發的經濟規模，歷經十八個月完成，可帶動出不錯的數據，其中最重要的是應可留下 500 個有效名單。所以堪用率約為 16.6% (500/3000)。許多夥伴會問我：「老師，剩餘的 2,500 家店都是沒用的嗎？」我說：「那 2,500 家店對你的幫助是最大的，你所能透過掃街賺到的錢，其實是他們訓練出來的！」

    「老師，我不懂？」

    做業務數字很重要，成交是王道也是正確的方向；但 DS 成交的過程中，除有對方的需求外，需再加上自己的努力不懈，過程是多次堅持再堅持，能讓自己一顆心如銅牆鐵壁般經得起敲擊，心志強大如入無人之境！要能有如此的能耐，就需要這 2,500 家店帶來的訓練：

    1. 他們的拒絕，才會知道成交後的喜悅感；

2. 他們的臉色，才會淬鍊鋼鐵般的意志力；

3. 他們的刁難，才會產生不服輸的行動力；

4. 他們的結緣，才會快速擴大自己的視野；

5. 他們的言談，才會持續增強拜訪的經驗；

6. 他們的行業，才會不斷找到對話的素材；

7. 他們的他們，才會是真正的市場訓練師。」

有地下 9/10 的基礎工程，才能激發地上 1/10 的耀眼光芒！

(3) 記得「5 取 1」

1. 建立準客戶的比例為 20%

2. 成為 A 級準客戶的比例為準客戶中的 20%

3. 而 A 級準客戶的成交率為 20%

也就是說，拜訪 100 家店會建立 20 位 A 或 B 級準客戶，其中有 4 位是 A 級準客戶，而成交率為 20%，等於成交 0.8 位。如再上 B 級客戶的成交值約 0.16 位，合計 0.96 位，約當拜訪 100 家店會有 1 位客戶 (不包含產險、信用卡及房貸的客戶)

(4) B 級準客戶的成交率變化

A 級準客戶的成交率，長期來看是平穩的，非隨時間而向上提高，也就是約 0.8%。但 B 級準客戶的情況卻是有起伏的，初期 (三個月) 因經驗及技巧上的不足，成交率約只有 0.16%，也就是千分之 1.6，要拜訪 1,000 家的店，雖建立 160 位 (另 40 位是 A 級進客戶) 的 B 級準客戶，但只有 1.6 位的客戶，比例並不高，但隨時時間的進程，B 級準客戶的成交率卻有倍增的效果，因為賣場中的展現趨於成熟，由 B 級到 A 級再到成交的人數會直線上升，半年後可達 3.2 人，一年後是 6.4 人，若加上 A 級準客戶有 8 人成交 (1000x0.8=8)，合計約 14.4 人。

也就是說，一年後拜訪 1,000 家店，會有 14~15 位客戶，換算成約拜訪 69 家店會有一位客戶，如每季有 500 家店的量，一

年是 2,000 家店的量能,就有約 30 位的客戶,而掃街的經濟效益已顯現。

(5) 想法很重要

掃街要能持續走下去,須靠高度行動力配合,而啟動行動電源的則是腦海中不同的想法,透過種種自我期許和階段性目標的聯結,自然出門拜訪的意願大增,譬如:

1. 拜訪各種新記錄的達成
2. 犒賞自己
3. DS 的團隊或小組競賽
4. 自我訓練
5. 結交朋友

只要不時變換新的想法,就能產生新的動能,源源不絕的 DS 力量就能讓我們稱霸街頭,雄立巷尾。

(6) 做法更重要

DS 要能一直持續下去,除要變換新的想法,不斷找到刺激行動的因素外,怎麼做才能事半功倍,愈跑能愈帶勁,應有更值得注意的細節:

1. 一星期兩個檔次,各 2.5~3 小時的初訪。
2. 一星期三個檔次的複訪,計 18 家的複訪。
3. 商圈規劃採帶狀連接,可利用捷運站的順序,複訪作業較省時。
4. 透過地圖標示拜訪過的商圈或道路。
5. 同條馬路儘量當日能左右兩邊都進行,採路口調頭,不致有遺漏一邊的狀況發生。
6. 每月選擇一天假日拜訪,掌握假日商機。

(7) 一杯熱茶

今日下午的增員實作，夥伴跟我在寒風細雨中進行拜訪，走在路上果是冷風刺骨，別有一番滋味在心頭，兩組四位夥伴都是女性，吸著低溫的空氣，頂著不停的雨勢，傘在手中開了又收、收完又開，但行進間，夥伴總是精神抖擻，只為能在競爭的環境中爭一席之地。

環境的變化或許是對業務員最好的磨練，路遙知馬力，勝負也往往在這惡劣的情境中才能高下立判。寒流只是一時的，拜訪完後喝一杯熱茶，暖了身也暖了心，這才是真享受！

(8) 天雨「路」不滑

今在桃園區藝文特區實作，雨勢不小，風冷氣寒，但兩組實作夥伴卻無一缺席，也沒人遲到，實難能可貴。

掃街要面對環境的挑戰，但只要能意志堅，不畏艱難，老天總是會給予回饋的。像今天的拜訪，許多店員就會很體諒我們的辛苦，對應在態度上就親切許多，要有三分鐘以上的對話並不難。我不曾在賣場透過言語博得對方的「同情」，因為這不是應有的銷售訴求，但「同情心」人皆有之，如是透過自我的行動力，在自然而然的情境中形成，它會形成「認同」的意象，彼此距離就會拉近許多，風雨之外的收穫亦超乎想像！

走在雨中，鞋會濕，襪會透，但 DS 的路不會滑，只會更踏實，因為雨中的腳印商家會看見。

(9) 心心相印

心心相印就是落實「同理心」，能體會且貼近對方的心，就能在溝通時引發共鳴，無所不聊，相談甚歡。「心心相印」四字，其中「相印」是重要的，也是在與陌生人接觸時，能短時間內培養交情的做法。

「印」字有留下印記的意味，也就是說，要能讓陌生人對我們的印象深刻，形象深植到對方的心坎中。在技術上的做法，

11

「自我解嘲」是不錯的方式，也有利於區別其他業務員，譬如說：「林小姐，不好意思！因為工作性質很主動，很難待在辦公室，常要出來走動走動，所以我有一個外號叫「討厭鬼」，而且還是一個「老討厭鬼」，但討厭鬼三分鐘就會離開，請多包涵了！」

(10) 事上練

　　思想家王陽明首創「心學」，倡導「心外無物」、「知行合一」、「致良知」等思想，其中「知行合一」影響後世極大。陽明先生將歷史上「知」與「行」的分流體系，經「合」的深度探索與領會後，終合流為一，凡事應在行中探知，亦在知中欲行，相輔相成，力道更強，其中「事上練」是「知行合一」的主要論述，強調在行動中就是學習成長，有「工作即修行」的意味，求知非只是在桌案上的方式，在行動中領悟的道理一樣能增加知識含量。

　　掃街是「行」的履踐，過程中就在學習，既是學習就是自身的修行，如是為修行而跑，就能不斷強化心理素質，而店訪就能愈跑愈輕鬆，因為在「行」中探「知」，當資訊深化為知識，凡事就能通盤掌握，無懼無畏，心中自然篤定。

(11)「才」源廣進，才能財源滾滾

　　我們非伯樂，但市場裡的千里馬卻不少，我們常說：「高手在民間」，在窄巷陋室中，卻藏著業務的奇才，只是目前他們對保險不甚了解或有些刻板印象，需要我們曉以大義。

　　所以陌生市場中人才濟濟，找到方法及技巧，是有機會廣納良駒，共同馳騁在保險的大道上，初看曙光夕伴晚霞。

(12) 陌增靠團隊

　　增員已非單打獨鬥的時代，在尋找夥伴的過程中，對方是否成為我們的成員，除他個人的意願外，尚有他家人、親人、

朋友的看法，客觀的因素很多，單憑個人的能力，絕對力有未逮，群策群力才是良方，因為只有自己背後的資源夠厚，才有機會能拔得過來。因為對方除自己是自然人外，後面尚有重量級的家人、親人、友人、愛人、同仁、法人的牽引，加上我們看不到的敵人(對方的保險經紀人)，彼此像似有條線先後綁在一起，重不可移。所以，我方除自己外，借力勢在必行，而且背後的力量一顆大於一顆，我們才有機會將「繩」向我方移動。

現今的組織發展，已非單線作戰，而是你幫我、我幫你的大團隊會戰型態，而最終能取勝的決定固素，已是團隊資源的多寡及管理機制的良莠，只有運作上軌道的優質團隊，才能帶動個人組織的良性發展。

(13)「過場效應」

無論是增員房仲、理專、汽車銷售員或是一般店員，他們目前的工作都具業務性，對業務工作中與人互動的巧門，有一定的經驗，且因從原業務工作換到保險業務，轉換度不大且接受程度會提高不少，要比一般內勤行政人員的增員成功率會高出不少，這就所謂「過場效應」。

我所謂「過場效應」，就是指在社會化的過程中，職涯的安排會慢慢融合於現實的環境中，雖與最初的設定項目不同，但因有新的體認與發現，因而能跳出舊巢臼迎接新領域，而此效應的產生是彼此有關聯性，也就是說，是依線性發展且有脈絡可循。

我舉個例子，一名髮型設計師，如要改行，最有可能的工作是美容師、芳療師、美甲師或是投身婚紗業，因為都與「人體造型」有關聯，對她們而言，門檻低熟悉度高，一個跨步就能越過，何難之有！

(14)「陌生增員」的時機

　　在陌生市場增員,「時機」的掌握是重要的關鍵,原因在於彼此之間只有數面之緣,交情關係都不夠,透過面談時主觀的訴求,可能力有未逮。但客觀形勢的變化卻是千載難逢的機會,譬如:工作的現狀、資金的需求、家庭的變化…等,這些的因素的影響可能已大於自己的喜好與興趣,而轉職的決定會在短時間內成形,人才於焉定位。

　　所以說,不論透過什麼通路而開發的陌生名單,能夠「量大」就會有更多的良機出現,人力發展亦日起有功。

(15) 陌增如何形象定位?

　　前兩天在板橋新埔捷運站實作,拜訪一家「住商不動產」,當時只剩一位高階主管在店內,雖不是理想的準增員對象,但基於是訓練性質,經過彼此介紹後,遂在招待區的圓桌坐下來填問卷,在填問卷的同時,從對方的談吐中,看得出在仲介服務應有一段時間,神色中自有一付練達的老業務的架式。接下來照流程走,我問了一、兩個房仲的問題,對方也表現出很有自信的神情,末了他提到早些年在「東森房仲」,他突然反問了一句:「你知道『力霸』嗎?」我說:「當然知道,但現在換成了『東森』?」當下我利用時機將力霸王家的掏空案說了一下,我說王家跟我們保險業前國華人壽董事長翁先生還有一段陳年的老故事…。對方一聽到我如此的回應,感覺神情親切了許多,在互動上彼此距離拉近了不少,而原是客場的環境,慢慢轉為主場的優勢。

　　其實進行房仲的陌生增員,我們獲得的待遇,往往比掃街銷售保單要好許多,因對方也是業務員,在共同的核心價值之下,較能將心比心,如果自己能再準備一些功課,就能在一面之緣之下相談甚歡,進行有效的溝通,最終找到期待中的千里馬。

(16) 習慣「增員」

許多夥伴總是覺得增員有難度，甚且努力過一段時間後，毫無進展，遂放掉這方面的運作。其實，先不論成果如何？如果能養成每週的增員習慣，安排每週三小時的陌生增員拜訪，時間不長，但長期下來，卻能累不少的增員名單，而且準增員對象對保險事業的接受度也因時空不同而改變，何時能開花結果，只是遲早的問題。所以，只要我們有動作，終會有意想不到的驚奇出現。

(17)「陌增」的敵人

無論是在房仲或店舖增員，我們都面對被增員對象的保險經紀人，畢竟他們交往多年，關係匪淺，如日後要投身保險業，對方保險經紀人的成功的機率應會大許多，而我們還需要花時間在他們身上嗎？

其實，買保險與做保險是兩回事，不要混為一談。買保險是金錢上的交易，服務為要；但做保險是時間上的交易，發展為主。所以說，要考慮的因素不同，也就沒有必然連帶的關係。譬如家中開餐館，子女就算想開餐館，掛的招牌也不見得是老家的名字。

事業的選擇其實比買賣交易要複雜多了，許多不為人知的因素在背後，這些因素對原關係是助力還是阻力，外人難一探究竟，而「陌增」是新生的關係，雖然交情不夠，但無負面因子去影響，只要透過應有的步驟去進行，自然水到渠成。

(18) 陌生市場好增員

有一次我在台南東門路市場實作，帶夥伴拜訪「蛋塔工場」，認識一位門市小姐，那時她還是工讀生，相談甚歡，但後來「蛋塔工場」因跳票而關門了，而那位門市小姐後來卻到了實作夥伴的保險公司從事保險。這事一隔三年，上個月實作

夥伴傳訊給我說，那位增員的女夥伴升級了，雖然歷經三年的時間，但最終咬緊牙關堅持下來。

聽到這個消息，心中甚是欣慰，能在陌生市場找到人才已屬不易，且能輔導成功，真是快慰人心的一件事。其實，市場早已經在那兒，結緣的人也等待多時，只要快馬一鞭便能奪標。

(19) 陌生增員的目標市場要能有效且源源不絕

1. 其他的業務行業，且具有主動性的業務最佳。

2. 一般行業中有固定流動率的為佳，如此在短期內會有成效。

3. 初入社會的新鮮人，譬如說每年都有二十多萬的大學畢業生。

4. 目前勢頭向下的行業，員工的異動較高。

(20) 零售業不景氣下的增員契機

報載 2017 上半年零售業負成長 0.2%。雖然許多老店依舊生意興隆，但多數的商店卻是苦撐待變。實作時有老闆就感慨說：「開店三年，一年生意比一年差，尤其今年的業績，約只有去年的一半，真不知接下來要如何渡過？」這位老闆的感慨，其實也代表許多商店的處境。

店訪是一兼兩顧的，能賣出保單是最好，但有些時候卻是增員的好時機，凡事一體兩面來看，要保書與合約書都要賣，業績與人才兩相得宜。

(21) 店鋪增員的篩選

1. 以門市人員為主，若是老闆就先不訴求增員。

2. 選較年輕的店員

3. 店員不要多，1~2 位較合適

4. 診所、藥房、動物醫院屬固定薪的員工先跳過。

5. 大學工讀生但已滿 20 歲，可多注意。

6. 超商大夜班可考慮 (PM11:00~PM12:00 時段，但半夜不宜)

(22) 店鋪增員五問

1. 在此店服務多久了？

2. 最近生意好嗎？

3. 有親人在保險業嗎？

4. 他們 (親人或朋友) 有向你介紹過保險工作嗎？

5. 你覺得門市工作與保險業務有何不同之處？

五問的過程，視對方的反應狀況，可穿插一、兩個共同話題因應，緩和賣場的情境。

(23) 我們的假期，房仲的檔期！

保險業務有苦有甘，但苦盡甘來後的享受又別具滋味，尤其是連續假期的安排，這可是家人同聚的快樂時光。而我接觸房仲多年，他們工作也很辛苦，工時長且不定時，休假日的安排更是零零落落，一般人連續假日卻是他們的黃金檔期，228、329、母親節、父親節、928、雙十節連假，他們忙的不亦樂乎也不亦累乎。

增員房仲時，我最常訴求的就是休假日的安排及工作時間的長短，因為人在一個階段後，都會重視家庭及生活作息的調整，養息能量，以備長期的業務作戰，且家庭是業務夥伴的後盾，幸福的生活才能發揮更多的潛能。

(24) 店訪中的增員契機

上星期在內壢增員實作，拜訪一間手機經銷店，店長是位三十出頭的年輕先生，另還有一位二十幾歲的門市小姐，對我們的造訪，態度還不錯，尤其是店長很肯定我們開發客戶的方

法，當做完問卷閒聊時，對方很感慨2017的手機業務很不理想，比起前一年幾乎腰斬，言談中頗有力不從心之感。而當我們略提及保險業概況時，卻發覺店長的眼神為之一亮，很專注地在聽我們說，雖然他的話不多，但當我們說要來拜訪時，對方滿口答應，似乎很期待我們再來！

去年(2017)許多店舖的生意並不好，許多店員除底薪外，獎金拿的也不多，如是一家中的主要經濟來源者，生活是有壓力的，但是在店中，如鳥困籠中，無法自由自在地飛翔，寒流一到，只有坐以待斃，但保險業務工作就能移地而飛，逆風而上，順風加速，再開新局，展現新生命。

(25) 在店家找增員名單

一般的商店，除了保險夥伴會來拜訪外，尚有其他行業的業務員來拜訪，如銀行理專、信用卡房貸專員、房仲、產險業務員、保全業務員、證券營業員 ... 等，如與店家稍有熟識或是已經是我們的客戶，可徵求店家的同意後，輕易取得這些人的資料或名片，成為我們增員的名單，透過電話約訪後，漸次能成為準增員對象。

(26) 店舖增員的首選店種

「服飾店」一般而言，人員的流動率較其他行業為高，無論是門市人員還是自行創業，往往生意不好就可能改弦易轍另謀出路。往往上回沒多久才拜訪過的服飾店門市，這回已不知去向。我自己許多服飾店的客戶，也是我所有客戶中異動較頻繁的。所以此一店種，夥伴在拜訪時可多加注意，銷售與增員可相互運用。

(27) 店舖增員的方式

兩種進行方式：

1.透過掃街銷售保單的同時，伺機掌握對方的動態，如發現有工作異動的可能，可先訴求增員。

2.也可依每週三小時十二家店鋪增員的固定拜訪量，合計每月十二小時合計約五十家店的增員量，進行陌增作業。

無論是何種方式，成為準增員對象的比例平均為 20%，而最終能簽約報聘的成功率為準增員對象的 1/48。

(28)「順道冒昧請教 …」

當進行陌增作業，彼此對話中，我常會利用此句進行話題的轉換，將準備好的問題順勢提出，進行有效的溝通，以強化形象的定位。我們的角色有點像記者，以請益訪問的方式進行，而對方會因自身受到重視，也較樂意回應，如此一來，溝通就會有好的開始。

接下來，如彼此已能相談甚歡，我們在角色上可再回到如朋友關係般的親切交談。相信準增員對象將更有意願出來跟我們見面。

(29)「噢，對了！…」

這是結束談話前的轉折用語，通常是用在房仲業增員時，我會在 Ending 前加上一句：「噢，對了！下回見面，我會帶一份房貸及火險的書面資料給你，你可參考一下！」這段話主要目的，就是在最後階段丟出誘餌，為下回見面預留伏筆，讓對方有意猶未盡的感覺。

(30)「我很好奇？」

這是我在陌生增員時常說的一句問話，尤其在與房仲增員時，如有機會坐下來溝通，在對話或提問時，這句話很容易引出對方的回應，也容易在短時間內，讓對方進入溝通的深水區，共鳴效果就容易彰顯，而自我的形象定位亦大功告成。

(31) 房仲增員時「問卷」的妙用

陌生增員是採迂迴策略的方式進行，也就是說，我們無法一下子在賣場內大鳴大放，能將真正的訴求一體到位。原因無它，只因那是別人的地盤，如果大剌剌的談自己的事業，時機及地點都不對。所以，投石問路的迂迴方式勢在必行，而其中「問卷」是很好用的工具，尤其在房仲的店中。一般房仲的賣場，前面是接待區，後是辦公區，拜訪時如果我們與接觸的對象一直站著對話，畫面會顯得突兀，辦公區內的房仲就會不斷注視前方，如此一來，對話就不能盡興，也可能中途被店內主管打斷。如果當下以「問卷」為訴求，在接待區坐下來填問卷，彼此卻能暢所欲言地進行溝通，完成增員初訪的目地。

(32)「校徵」作業的時機

大專院校新學年即將開學，所以每年十月份直到隔年四月份是最重要的黃金校徵時段。只要是商學、管理、文學、傳播、法學等院系，都是夥伴組 Team 進行 OPP 的好機會。但一般校內主辦的「徵才博覽會」，我並不建議夥伴組隊設攤，因為所來的對象不見得是畢業班的學生，也不見得是我們希望的科系，根據經驗，事後會再邀約面談成功的機會並不高。

(33) 掃街打油詩（一）

穿街走巷是店訪
單打獨鬥在賣場
腦袋空空走一趟
我攻你擋像打扙
雖有挫折也夠嗆
如遇善緣就續訪
若有成交心內爽
瀟灑幾回又何妨

(34) 反應

賣場中店家能適時回饋我們，應是理想的對話方式，但因我們身為業務員，對方會有許多顧慮，在互動時常是冷若冰霜或是呆若木雞般不理不睬，若是我們也相應不理，那拜訪就沒意義了！所以賣場中的溝通或商品說明，要能發揮感染力，必須要能製造想像空間，空間愈大效果愈好，其中由反面引導到正面訴求是可加大效果的技法。我認為有效互動的技法三：

1.「反問」～探知接受度及觀注力。目的是在不時探知對方對商品及我們口訴時注意，亦能透過觀察彈性調整溝通及說明商品的時間。

2.「反話」～透過相反的立場或答案，引發對方的好奇，再解釋正向有利於對方的說詞。意指以反向到底的話題出發，拉到正向到頂的終極目的，而創造的空想及想像卻是一般訴求的兩倍效果。

3.「反向」～不以推銷的說法，而以推薦、服務、累積財務、觀念……為切入點，向業務面挺進。

譬如以下對話～

葛：「林小姐看起來很年輕，保單都是自己買還是父母親準備好了？」

門：「都是自己買的！」

葛：「那林小姐妳命不好，前面的門市小姐都是父母買的，連保費都是父母一手包了！妳還要自己掏腰包。」

門：「真的嗎？但我沒這個條件。」

葛：「其實，林小姐妳將來的命才是最好的！因為是自己繳錢買保險，所以未來保單帳戶的錢愛怎麼用就怎麼用，妳擁有百分之百的自主權，真正的財富全都在妳身上。」

三反就能三正，正、反話題交替運用，對話就能活潑起來，情境就容易掌控了！

(35) 造「反」有理

「反話」後知「反差」，空間乍現。

「反問」能觀「反應」，心已了然。

「反思」降低「反悔」，精益求精。

「反攻」取代「反覆」，強棒出擊。

(36)「反問」的小技巧

「反問」大都是在 DM 說明中穿差，主要是隨時探知對方在說明時的注意力，但反問並非只是問：「林小姐，我的說明妳清楚嗎？」或「林小姐，這部份有問題嗎？」類似如此的問話，對方的注意力不見得會提高，反而易流於應付式的回答。如果反問能透過譬喻、比較或假設性問題的引導，效果就會不錯，因為這些問題對方會去思考，且容易引導出對方的問題，延長在說明商品這階段的時間，真實反應對方對商品的看法。

譬如問：「林小姐，銀行六年給妳一筆錢，我們是六年給妳一輩子的錢再加一筆錢。妳喜歡一筆錢還是一輩子的錢加一筆錢？」「當然是一輩子的錢加一筆錢，你說的商品是這樣嗎？」「沒錯，我再進一步分析給妳聽……」如此就能的將拜訪過程中對焦在商品上，淡化了一般性的反對問題，商品重頭戲的功能就凸顯了。

(37) 回話的技巧

賣場中店家提出的問題，能適時的回應是最好，內容須合情合理，對方表面上不見得接受，但心中會提高對我們的評價。但通常我在回應完對方的問題後，會再透過反問提出我的問題，而提出的問題，端看對方先前的問題內容，如是正面且透露出業務訊息，我會加碼這一問題的深度，達到能「討論商品」的領域。但如果對方的提問是負面的，我也會透過反問的機會，修正對話的方向，導向應有的溝通軌道上。

(38) DS 打油詩 (二)

汗水滴下土
步步皆辛苦
誰知掃街累
吃苦當吃補
街頭我最武
挨家挨店舞
直到日落西
才知是翹楚

(39) 複訪的強度

許多夥伴在初訪時如猛虎出狎，銳不可當，但在複訪時，卻裹足不前，不要說三複，連一複都無法完成。其實有此現象，還是在於心有罣礙，尤其是拒絕購買當下的挫折感，會令人沮喪，倒不如彼此不見面就沒有得失。但如果在初訪時都已經鼓足勇氣進門了，複訪時卻怯於門外，那不是犧牲掉了初訪所花的功夫，何況對方頂多就是不要了，並無天大地大的事發生，也不致到走頭無路的地步。

所以說，如能將複訪作業如進出家中廚房般的輕鬆，相信多走幾次，絕對有菜可吃，有貨可拿。

(40) 進門、進門、再進門！

如果你掃街已有一段時間，但苦於業績出不來，但問題不在初訪時準客戶的判定，而可能出現的狀況，應在複訪作業的落實。許多夥伴在複訪時的兩大問題，一是「三複」時並沒有促成的訴求，二是並沒有到三複的次數，往往再見一、兩次面就不再拜訪了，只有一初一複或一初二複。

其實要求要三複是有原因的，因為三複可達到時間及次數的成熟階段，時間約二十天見四次面，這是許多業務專家認為

成交率最高的時機，只要能循此一模式進行，成績就會出來了。

(41) 複訪的節奏

　　三次的複訪是初訪後的流程，但每次複訪都有促成的要求。但不同的是，針對對方的反應，我們會有快慢急緩的調整，以提昇拜訪效率。而節奏的調控關鍵在於與前次拜訪感覺的比較，如有加溫的趨勢，我們業務訴求可加快；反之，則放緩俟機而動。而其中建議書說明後的促成，是探知感覺及接受度的必要動作。

(42) 複訪時常用的口訣

　　1.「你講的沒錯！」
　　2.「你說的有道理！」
　　3.「你的問題我了解！」
　　4.「不如這樣，今天就…」
　　5.「時機不錯，機不可失！」
　　6.「天助人助不如自助」
　　7.「國保勞保不若自保」
　　8.「來日方長，不得不備！」

(43) 只要「說」就對了

　　其實複訪時「促成」的要求，是複訪關鍵的作業，沒有促成就不成複訪。而說出要對方買保單的話，心中不必要的顧慮是多餘的，如果腦海中想太多，反不利脫口而出。要知道，我們原本就與對方不認識，怎麼說怎麼做，包袱都不大，說對說錯都無影響，說好說壞都是經驗的累積。

　　所以，大言不慚地表達訴求，反倒是多個機會；道不清，講不明，對方亦不見得領情，關係也不見得有改善。所以，但說無妨，且說且走，邊說邊看，方是進矣！如果對方 Say Yes，就當是意外的驚喜，老天的賞賜。

(44)「次數」的重要性

DS 要能在短的時間內看到有效果，見面的「次數」是縮短成交時間的關鍵，而次數也是取代長時間關係經營的好方法。因為唯有多次的接觸，才能快速提高對方可能購買保單的安全感，畢竟見一面就多一次的互動，雖然每次見面對方會有丕變的態度或是拒絕購買的理由，表面上我們無功而返，但彼此認知基礎已在心中加溫，配合複訪中建議書說明及促成的動作，三星期的「三複」作業就能創造三次的成交的機會。

要能強化「複訪」中每次見面的互動能量，一方面是透過「促成」去探知對方購買保單的成熟度，也在互動中發掘新的需求，將專業知識導入其中，提出合情合理的解決方案，對方的認同度將會直線上升，成交不遠矣。所以說，「初訪」是一場感性愉悅的展現，而「複訪」是理性專業的深植人心。

(45) 再談「一複」的促成

第一次的複訪的促成，成交率很低，但目的不在於成交，我們是透過促成的訴求，探知購買的成熟度。

因為是在締結，所以對方不買一定有反對問題，而反對問題的層次會落在三個方面，一是「公司」，但不由我們能掌控；二是「人」，就是對業務員的信任及安全度；三是「商品」，對所提供商品的喜惡及需求度。

先說第三「商品」部份。因複訪是帶著建議書說明，如對方提出的是對商品的看法或疑問，顯然在銷售上已能對焦，我們只要說明商品的利基及解釋商品的疑慮即可。因此商品是不需改變的。

但如果對方的問題回到一般性的反對問題，譬如要跟家人商品、沒預算、買很多了 … 等，這些問題其實並非真實問題，只不過是對方的藉口罷了，真正原因還在於對方對業務員信任度不夠，安全係數不足，而此時的因應之道，是將理性專業的

25

訴求拉高，試著改變方向，以更多元的訴求或觀念，一方面探尋新的需求，也藉機展現專長。

(46)「一複」後必要的調整

複訪作業的「一複」，在商品上是依初訪的 DM 而規劃的建議書，但促成時卻要視對方反對問題狀況，我們再做判定。如對方已是在商品的內容提出反對問題，這是好的發展，我們只要適當說明或解釋即可。就算一複沒成交，商品是不用改變的。但如對方始終在一般的拒絕問題上繞，譬如與家人商量、預算不夠、買許多張了……等問題上，代表對我們的信任度還不夠，如二、三複時再拿相同的商品說明，相信無法有效突破成交前的障礙。

所以策略上我們以「更寬更多元的訴求，探尋真正的需求」，如多管齊下試探真情，譬如需求分析、保單健診、商品改變…等，再看對方的回應對症下藥，如此才能保證每次複訪彈無虛發，終能達陣成功。

(47)「二複」要做什麼？

如果一複時對方只針對商品提出問題，這是好的進展，雖然沒買，但商品不換，繼續主打原商品，只是預算、年期可因一複的訊息做調整。

但如在一複時，對方回到一般性的反對問題，且亦無透露對保險新需求的訊息，在二複時可主動在商品做變化，以新商品重新再激發對方的想法，但在商品的取向上，能以不同型態的商品 DM 訴求，再看對方的回應。

(48) 再談複訪的「促成」

「三複」作業的「促成」，非在最後一次複訪時才執行，而是三次複訪都要有訴求，但目的非完全着重在「成交」。

我們設定「成交」為終極目標，每次複訪的促成訴求，只是探知對方離成交的距離，如感覺有進展，且反對問題在朝原商品內容的方向走，我們的策略就不改變。但如促成時覺得有點原地踏步或距離拉遠了，則必須改弦易徹另立議題，再試探對方的反應，譬如保單健診、需求分析等專業都要出籠，以更寬的領域，創造對方的需求。

但如三複作業完都無效，我們尚可最後一博，在第三複時訴求保險外的二線商品，如強制險、信用卡、貸款、住宅或商業火險等，先改變「業務員」為「經紀人」的身份，採長期的方式經營之。

(49) 複訪促成時的強化用語

1.「林小姐，妳是我的貴人，上回拜訪完妳後運氣特別好，幾天來已經賣了好幾張了。如果可以，今天也可做個決定，有機會能長期服務貴人。」

2.「林小姐這條街奇了，這幾天買保險的門市特多，像是傳染病一樣，昨天隔壁街才成交了一張儲蓄險，可能是年終獎金剛入袋。老實說，買在時機很重要，因為時機就是商機，有了商機就能創造財富。何不讓今天就是創造財富的開始！」

(50) A 級準客戶及 B 級準客戶的複訪作業不同處

1. 三複作業時 A 級準客戶可一直著重在原初訪時的商品，只需在預算上調整之；而 B 級準客戶在一複時，可觀察其反對問題的「點」，如回到一般性的反對問題，代表對原商品的興趣不大，我們應放寬或更多元的訴求，探知真正需求，以利二複及三複作業。

2. A 級準客戶在一複或二複時，即是我們攻擊的時機，促成的強度要夠，往往不需要三複即能成交；而 B 級準客戶在一複及二複時，雖有促成訴求，但非重點，只是探知對方購買保

險的成熟度，以利接下來複訪內容的調整，所以一複、二複時的可多善用「共同話題」，透過對方的回饋，蒐集資料，尋找可對應的商品，而在第三複時畢其功於一攻，全力搶攻。

3.A級準客戶的商品預算可高些，而B級準客戶的商品預算可低一點。

4.A級客戶第二次購買的週期可短些，B級客戶的週期可長些。

(51) 找到店家心情好的時段複訪

複訪因有促成的訴求，通常店家的壓力會大些。其中，當下對方的心情指數，會影響購買的程度，然而個人的心情變化我們無從探知，但因是在賣場中，隨時都有買賣交易的情況發生，如生意不錯，相信心情應壞不到那裏，所以來店客較多的時段就是複訪的黃金時間，通常 PM4:30~PM8:30 是不錯的複訪時間，但 8:30 以後就不要進店拜訪了，太晚了，並不太恰當。

若複訪時有客人進門，我們應看店家的動作，如果已經驅身去呼吸客人或說：「有客人來不方便談！」之類的話，我們就先離開，稍晚再來拜訪。但如店家只叫我們等一下或並沒離身的動作，我們就繼續留在賣場中。

(52) DS 打油詩（三）

人生何處不相逢，
相逢自然是有緣，
有緣千里來相會，
相會自是天註定，
註定相遇喜相逢。

(53) 天有不測風雲、貨有夕旦禍福

一般商家會較在意店內貨品的安全，萬一招竊損失不貲，

所以購買產險中竊盜險的意願頗強,尤其像家電3C用品、珠寶…等高單價之商店,往往一年的竊盜險要上萬元。其實除竊盜險外,商業火險的重要性絕對不亞於竊盜險,因為店內起火,受波及的不只是自家的店,包括同排的店或樓上的住家,萬一還牽連到人命的傷亡,後續的賠償及法律訴訟,真會叫天天不應,叫地地不靈,何時東山再起,真不敢想像。而據統計,商店火災有一半以上是在夜間打烊後發生,因人不在店內,電線走火最易引燃火災,因為許多商家在當初整修新店時,為省錢並沒有換新管線,時間一久管線易碎化,若只是一般住家,用電量是可預估的,但商店因店種之不同,用電量若是起起伏伏,久而久之,就有潛在的風險。

而商業火災並不貴,基本200 ～ 500萬的保險,一年約只要1,500元～ 5,000元間,是DS夥伴可善用的業務訴求。

(54) 產險之「地震險與強制洪水險」

本星期台灣天災不斷,有山崩、地震與豪雨,一星內出現三種天災實不多見。店訪作業中的產險雖着重在商業火險及公共意外責任險,但近幾年生活環境在變化,溫室效益愈演愈烈,台灣的人均碳排放量是亞洲最嚴重的國家,而每當季節交替的時節,異常的氣候狀況愈多,非颱風引起的水災屢見不鮮,而依地震專家研判,這幾年又是台灣地震的高峯期。所以,此兩種風險二合一組合成一種產險商品,而且費用不貴,一年約2,000元～ 3,000元,一般的商店均可銷售,是夥伴店訪時可多琢磨的商品。

(55) 走在雨中,風告訴我!

十多年前,一場颱風剛過後,我到板南中山路附近作「產險」拜訪,但那次的颱風後,風走了,但雨不停歇,整個中山路積水到腳踝,路兩旁一半的商家都浸在水中,不僅生意沒得

做，商家還要趕緊清賣場中的積水。而自己全身雖已濕透，但既來之則拜訪之，眼前一家騎樓較高的兒童鞋店，雨水沒灌進去，我拖著沉重的步伐，進門拜訪。

老闆見有人突然進門很是驚訝，但自我介紹確說明來意後，態度卻很親切，直說這種天氣幹嘛還出門拜訪，勸我早點回家，彼此交談一會後，我本能地拿出「產險」(商業火險+公共意外責任險)的 DM 出來說明，當我商品只介紹了二十秒，老闆直接插了一句話：「葛先生，你的商品我已經有買了，產險公司這兩天剛好有寄資料來要我續保，我看這樣好了，你明天再來一趟，反正保費每年都要付，我就轉到你們公司來好了！」「老闆阿里阿豆！我明天這個時間準時過來。」離開這家店，喜悅寫在臉上，外面的風不是風，雨也不再是雨了，因為「風雨生信心！」

(56) 路見不平

「騎樓」屬店家管理，但很多商店前的騎樓卻又高低不同，走路經過可真要小心，尤其是雨天，一個不留神，萬一跌倒，傷筋損骨在所難免，如是年輕倒還好，萬一老年人不慎跌跤，不論狀況輕重，店家卻要負起公共意外賠償之責。

我自己在店訪時都曾經不只一次跌跤，甚至有一次像狗吃屎般突向前撲倒，幸有公事包擋了一下，但雙腳上卻有幾處淤青，也因此行程受了影響。而產險中的「公共意外責任險」卻能保障店家無法防範的風險，付出極小成本卻能安心做生意。

(57) DS 打油詩 (四)

蘇軾《惠崇春江晚景》
竹外桃花三兩支，春江水暖鴨先知。
打油詩
你說他講三兩句，先跑先贏我先知。

王勃《送杜少甫之任蜀川》

海內存知己，天涯若比鄰。

無為在岐路，兒女共沾巾。

DS 打油詩

店內存知己，店外若比鄰。

大步在陌路，汗水透衣巾。

(58) 從小到大再到小

這是指商圈規劃的三個階段，應先選擇一個適合自己切入的商圈，儘量找熟悉或常逛的地區為起點，再漸近放大範疇，擴及不同的商圈，但拜訪過程中商圈能相鄰或連線是最好，因方便複訪作業。最後階段則專守一、兩商圈經營即可，而這一、兩商圈是成交率高且方便緣故化作業的地區。

而三階段的商圈佈局約六期（三個月一期），共十八個月的時間，應能在店訪這一通路建立不錯的基礎。

(59) 同一商圈的拜訪週期

理想的週期應是在一年左右，端視都會區高圈的多寡而調整之。如是一線城市，時間可放長些；而二、三線的城市，應結合其他的城鎮進行，週期可短一些。而週期不宜太短的主要原因是擔心重複率太高，不易碰到新的人及新開的店。但也不要隔三、五年再來一次，因為有些商家會記憶下降，反而無法製造緣故化的效果。所以如能創造新市場與掌握舊市場的「週期性」是商圈規劃的重點。

(60) 商圈規劃

應考慮「適應環境」及「量能規模」兩項因素，做適當的安排：

1. 初期的商圈的選擇應採循序漸進的方式進行，以自己較熟悉的商圈開始，較能降低心理壓力。如能適應，再漸近放大到其他陌生的商圈。這過程中，已有成交的 Case，但 Case 並非平均分佈在每一個商圈，常態是會集中在某幾個地區或街道。而成交率高的地區就會是我們應常走動的地方，因為磁場頻率都不錯，也是緣故化作業較理想的區域，應是 DS 的第二故鄉，也是集中縮小拜訪範圍後的永久地盤。

2. 店訪的量能可透過時間適當的安排，前三個月應有 500 家的拜訪量，之後持續擴展，到拜訪 6 季 (18 個月) 約 3,000 家店時已產生經濟效應，依經驗及統計資料，屆時會有 30~50 位客戶，300 位可持續經營的準客戶。

其次，商圈的拜訪彼此能相連，也就是說，距離不要太遠。因為有利複訪的進行，能節省許多拜訪的時間。

(61) 再談拜訪頻率

許多夥伴問我：「許多地區的商店不密集，且不適合拜訪的店有許多，三小時要達成二十家或 15% 的拜訪頻率並不容易。」我說：「商圈有大有小，商店有疏有密，不一而足。的確，在郊區的店較多元且參差不齊，要能找到合適的店拜訪，需要我們多走一些路，但屬一、二線的城市鬧區，卻有正常或超過 15% 的拜訪頻率。」

(62) 畫大一點，走細一點

雙北的捷運網已四通八達，透過捷運站規劃路線，方便又節省時間，但在規劃商圈範圍時，涵蓋面能更大些，譬如松山捷運站靠八德路端的饒河街夜市較近，但忠孝東路、永吉路的一方，有更大的五分埔商圈，也應在松山捷運站的拜訪範疇內，如此一來，商圈就能面面俱到，不至於有遺珠之憾。且擴大的範圍應大到下一個預定拜訪捷運站一半以上的距離，以地毯式

步步前進，絕無漏網之魚。

此外，要能再提高拜訪效能，巷、弄不能放過，樓上地下之店亦要留意，往往商機都藏在細微處。

(63) 千變萬化的商圈

1. 三十年前的「圓環」車水馬龍，人潮不斷，如今留下懷念。

2. 二十年前的西門商圈已搖搖欲墜，如今風華再現。

3. 十五年前的天母人文薈萃，是高檔商圈；如今景觀依舊，但門可羅雀。

4. 十年前五分埔異軍突起，短短三年，人去店空。

5. 八年前石牌只能算二級商圈，如今大躍進，奪了天母的風采。

6. 六年前師大商圈一位難求，如今客人難求。

7. 三年前東區租金冠全台，如今許多店面高掛出租、頂讓、結束營業。

隨時注意商圈的變化，商機往往因變化而成為生機。

(64) 擁有自己的地盤

掃街跑店最佳的狀態，就是在經過一段時間後，會發覺某一商圈或是某個路段特別容易成交，而且進行緣故化的作業也較順利，如有此一現象，那代表我們應找到一處 DS 可長期耕耘之地，也就是說，往後必須多花時間在此處經營，漸次獨佔此一商圈市場，成為生根立命久處之地。

(65) 捷運站的店

這裡所指非「地下街」，是指捷運站體內尚未入站前所開設的商店，如麵包店、隱形眼鏡專售店或服飾店等，店不多，大都集中在台北市的捷運站。如夥伴在掃街時有經過捷運站，

不妨下去看看，如有商店，應是不錯的機會。

(66) 老店態中的商機

前幾天在高雄三多商圈實作，距上回來「三多」已有三年的時間，但街況頗有不同，雖少了一份人潮感，但新的商家增加不少，而商圈外圍的老街市，卻出現不少新興的店種，其中可拜訪的有彩卷行、手機配件行、彩妝店，詢問之下，業務員來的不多，算是不錯的點，夥伴們可多加注意。

(67) DS 打油詩（五）

大樹見鳥棲
有人有業績
走過留足跡
掃街找刺激
店內有商機
巷弄藏玄機
上樓遇奇蹟
假日像補雞
下雨是天機

(68)「詢問」才能交流

賣場如能產生有效溝通的效果，透過「詢問法」是進行雙向互動最佳的方法，一問一答之間，除了訊息的傳達外，尚有許多好處：

1. 能探知對方當下的情緒指數。
2. 能針對方的回應，加以潤滑美化。
3. 如有反對問題出現，可利用此一機會展現專業。
4. 產生加溫的效果，為商品說明的前置步驟。
5. 詢問的過程可觀察其神情，判斷接受拜訪的程度。

總之，賣場中對方有不講話權利，我們有說話的義務。唯有以詢問的方式互動，絕不會有冷場的狀況，而流暢度也能展現出來，一舉數得。

(69) 追問

　　「詢問」是賣場中溝通的主要模式，一問一答之間才能有效交流。有些主要問題可單獨存在，一題接著一題換著問，但有些詢問方式，卻可從主問題，透過對方的回饋，衍生出更細部的問題，類似追問的方式，探知更多資訊及強化交流。因為愈細部的問題愈能了解內心真正的想法，而對方個人的隱私也可能不經易就透露出來。如此一來，當下對商品需求的了解，會更真實正確。

(70) 掃街私房菜

　　設定確定好答案的詢問是對話中重要的技巧，因為對方願意點頭，就能強化對我們的信賴度。譬如說：

　　1.「陳小姐，銀行是六年給我一筆錢，我們是給妳一輩子錢再加一筆錢，不知妳喜歡那一種？」

　　2.「陳小姐，假設妳不買，我是說假設妳不買，會不會覺得DM上的數字還不錯？」

　　3.「如果你有一筆錢，依目前的利率，我相信你應該不會放在銀行定存吧？」

(71) 回話的巧門

　　在賣場中對方若有提出問題應是好現象，那怕是負面或反對的提問，只要能順水推舟一下即可化解。但回話的內容除回應的功能外，若能順勢因題利導，聯結到銷售的訴求方是最佳策略。譬如說：

　　「葛先生！老實講，我的保單已有服務人員了，且有多年

的交情，要是有新的保險需要，我會詢問他。」

「林小姐！先恭喜妳有一位很好的保險的服務人員，就如同妳所說的，有一位夠交情的經紀人很重要，但人畢竟隨時都有變數，多個備胎沒有不好，何況備胎都是新的，有時會更好用些。講到備胎，保險商品就像車有四輪，有保障、有醫療、有養老、有長照，我相信妳都有準備了，但還少一個保險備胎？」

「是什麼？」

「是我包中的 DM。」

「那不就還是在賣你的商品？」

「是賣沒錯！但有備胎的功能！」

「什麼功能？」

「殘扶失能補助方面。」

「我聽不太懂？」

「因妳目前還在就業，且是工作賺錢的高峯階段，這方面的準備刻不容緩，下面的說明，妳會很清楚，…」

(72) 賣場中幾個詢問的技巧

1. 製造好奇感
2. 反話的差異效果
3. 博得認同的套話
4. 假設性問題的安排
5. 降低心防、解除戒心的軟話

(73) 製造對方好奇之「詢問」

1.「劉小姐巧啊！妳的姓跟我很親切？」

2.「林小姐，老實說，前面門市小姐的命比妳好一點？」

3.「黃小姐，這張 DM 雖然妳覺得不錯，但前面有位門市小姐也覺得不錯，但她說她不會買？」

4.「林小姐，我一看到妳就知道這家店生意不錯？」

5.「郭小姐，妳說會再跟我聯絡。但根據我過去拜訪的經驗，從沒有一個人跟我聯絡過。真的！一個都沒有。」

(74) 話題的循環

1. 問話：彼此互動的開始
2. 回話：對方回應的狀況
3. 順話：附和對方的話題
4. 轉話：在話題中帶回保險主題
5. 自話：導入業務訴求

(75) 有共識的話題

在賣場中進行溝通，除視對方的神情態度，透過左、右口袋問題的切換進行對話外，詢問的問題，若能是社會大眾普遍關心的議題會更理想，譬如年金改革、長照法的推動、健保費率的調整、地價稅的加徵、房價的波動……等。以上皆能與保險連上關係，話峰一轉，更有利我們的訴求。

(76) 共同話題的深度

舉凡穿着、打扮、興趣、年齡、所學 ... 等是我們在賣場中常用的話題，主要是能快速拉近距離，但若要能透過對話引導出對方的情感，就必須針對某些話題能再進一步地深度對談。譬如說，聊到小孩的教養，除知道對方子女所讀學校及年級外，也可聽聽對方對子女教育的看法，當然對方所言，我們要能適時的肯定，除此之外，在不與對方見解有太大差異的情況下，自己如能有些中肯的看法，就有可能會引起對方想聽的興趣，也會進一步透過議題帶動情感，透過情感的延伸，同喜同悲的同理心發揮，相信再回到業務的訴求，對方的接受度會不同。當然，如提出的議題，對方的反應很冷，我們必須切換其他的議題以因應。

雖然賣場中所能點出的話題很多，但我們只要精心包裝 3~4 個即可，如未婚者的外型、已婚者的家庭、老闆級的生意，都是可事前準備好的項目，善加運用即可深入但淺出，充分掌握情境。

(77) 共同話題的不同運用
【引導】在對話的開始階段
【切換】在互動溝通的過程
【穿插】神來一句溢美之詞
【延伸】進行次話題的追問
【返還】回到業務訴求主題
【終止】負面議題當機立斷

(78) 再談左、右口袋問題的「切換」
賣場中左口袋是我們業務訴求的問題，而右口袋是對方易上口的共同話題。如果對方針對我們的業務訴求樂於回答，就單在左口袋進行步驟即可，但實務上我總會穿插一、兩個共同話題去緩和賣場中的氣氛，而如此運作有兩個好處：

1.如在對話中，感覺對方冷漠或稍有敵意，我們企圖透過問題切換，讓對方的腦海中不要一直沉浸在當下的問題上，適時轉至右口袋，能透過新問題扭轉情境。

2.問題切換也在壓縮對方的反應能力，因為對方必須面對不同領域的問題重新思索與武裝，無法在原問題中一直深度去進行邏輯性的思考。如此一來，抗拒及反制的程度會大幅度的降低，不知不覺中，跟著我們的腳步走。

(79) 話題中的商機
1.穿着：衣服對許多人而言，永遠都有少一件的困擾。保險亦然，隨着身價的不同，永遠可多那麼一張，配合自身及家

庭的需要。

2. 打扮：佛要金妝，人要衣妝，愛美是人的天性，保險亦能滿足人喜歡悅己的功能，因為保險的帳戶愈多，代表錢愈多，人就會高興，當然看起就年輕漂亮不少。

3. 興趣：打球、集郵、看電影或者其興趣都有益身心健康，其實保險也可是興趣之一，因為它是有價證券，是可以鎖在保險箱中的投資樂趣。

4. 家庭的狀況：家家有本經，人事皆不同；家家有本保險，感情更相融。

5. 生意的好壞：保險的好處之一就是快速資金的調度，讓你在商場上絕不遺漏任何商機而抱憾終生。

(80) 年終回顧

2017來的快，去的也快，無聲無息間，今天已是最後一天。今年過的如何？相信每個人的感受不同，但總是走過來，即將迎接新年度的曙光。

在這一年的店訪市場實作中發現，一般的零售買賣業的生意普遍下滑，尤以服飾、精品、貴金屬、家具、皮飾類影響甚大，部份餐飲、手機、3C商品也不甚理想，而房仲業下半年有點回溫，不再向下探底。而娃娃店大行其道，但無人顧，也無法拜訪，算商圈奇觀。其中商圈不同，生意好壞也有差，台北東區人潮稍退，但西門商圈依舊熱鬧滾滾，但不得不承認，許多的店面已閒置多時，乏人問津，不知2018是否能看到燕子飛來。

事有一體兩面，其實許多店員可能已在騎驢找馬，只要我們曉以大義，增員的契機已在眼前。我一直慶幸是業務員，市場景氣好壞，都有我們的市場，銷售、增員交替運作，主觀在我，當然操之也在我！

(81) 探索商店 探索故事

　　探索市場就如走迷宮般，總希望入口後能找到捷徑最快出口，但過程難免走錯道、拐錯彎，但只要一回頭又是新探索的開始。在迷宮中人會迷茫，但未知的路徑又永遠讓人快馬加鞭，驅使自己快速判別，錯路莫再走，轉彎分叉處停看要專注，相信就能捷足先登，出口在望。

　　統一超商的咖啡我常喝，紙杯上一句：「探索城市、探索城事」，感覺比喝咖啡更多甘甜味。掃街就是探索，探索未知的市場、人、事、物，初期會跌跌撞撞，就像在迷宮中不知方向，但只要摸索一段時間，市場的變化能掌握，形勢能判斷，技法推陳出新，心法強如鐵壁，一切都掌握之中，但最值得欣慰的是，滿滿的故事豐富了這趟店訪之旅。

(82) 效率至上

　　兩則小故事：

　　1. 一家四口在船上，但浪來不慎落水，老娘、妻子、孩子在水中求救，在船上的丈夫倒底要先救誰？

　　答案之一：先救離船最近的那位，因為成功的機會最高。

　　2. 熱氣球戴著三位世界頂尖的人物，一位是權威醫生，一位是頂尖的科學家，還有一位是知名的歷史學家。但不幸熱氣球到空高時，火力不足，必須減輕重量，其中有一位必須犧牲，那應是哪一位要往下跳呢？

　　答案之一：找最胖的那位就對了！

　　其實，以上兩則故事應有許多不同的答案，有個人因素也有人際關係的互動。但如果是站在「存活率」的角度，答案就會單純些。所以不論是陌生還是其他通路的開發，效率是重要的，如何能在最短的時間內成為「客戶」是首要原則，而對象的身份、地位、財富並非是優先的考量，因為不會成為客戶，任何的關係都牽扯不上。

　　上課時有夥伴問我：「老師，到診所拜訪，為什麼只找護士，

醫生不是比較有錢?」我說:「醫生是有較高的收入,但你的拜訪,醫生有診別,你不一定都見得到面,何況還要看病患,時間上會無暇他顧,希望醫生成為客戶,投入的時間及心血太多,不若櫃檯前的護士較有空檔,短時間內就有機會成為客戶,再透過緣故化的過程,醫生是客戶就不難了!」所以說,要先有小魚到我們的池塘最重要,小魚會養成大魚,小魚多了,大魚也會跟着游入池塘。

(83) 拜訪有情總被無情惱,但天涯何處無芳草!

　　店訪時往往是我們的熱貼著對方的冷,無動於衷的神情,像是一盆冷水澆在頭上,都快滅了自己的熱情。這樣的情況,只要出門拜訪,幾乎都會遇到,無疾而終斷羽而歸是常態,但只要能忽視這些狀況,就當店家是自我訓練的舞台,類似實驗的白老鼠一般,藉此強化自己的心理素質,練就超人般的能量,所向無敵。

　　而過程中,我們永遠期待下一家店的溫暖,也希望在下一家中將所有訓練所積累的能量,傾巢而出,享受賣場空氣中所散發的芳香。

(84) 拜訪歸去,也無風雨也無晴!

　　船過水無痕,世間許多事,本無大波浪,只怕自擾之!

　　掃街亦是如此,店中狀況本就無甚天大地大的陣仗,空間不遇幾十坪,人不過三、五人,離千軍萬馬塵土飛揚之景,實是小巫見大巫。所以,心若定,氣已足,小小場面,何足懼哉!何況拜訪結束後,愉悅之情油然而升,早先拜訪的際遇,早拋諸腦後,邁開輕快的腳步,準備享受辛苦後的小小賞賜。想一想!此時若來一杯熱咖啡,苦後醇香之味,在喉間縈繞,吸一口氣,萬般事如過眼雲煙!

(85) 言不由衷也有好處

在台北東區實作時，碰見一位門市小姐，形象不錯，但態度冷不言笑，尤其眼神中看得出有點怒氣，當下不以為意，照表操課，以一貫手法因應：「陳小姐，一路拜訪過來，妳最親切，且笑容可掬，老實說，妳還是今天所有門市小姐中顏值最高的！」這段話一講完，突聽見「噗嗤」一聲，對方反倒笑了，而之後對話的感覺就熱絡多了，自然成為可再拜訪的準客戶。

賣場中如遇板著臉的店家，我們心中要釋懷，要能睜一隻眼閉一隻眼說話，就當是對木頭講話就好，自己一點損失都沒有，何況尚有轉機出現。

(86) 表裏不一

今天在基隆實作，拜訪廟口商圈旁一家內衣專賣店，門市小姐的態度冷冷的，與之對話，對方也沒多瞧我們一眼，但也沒說話拒絕我們，像是木頭人般不苟言笑。但當我們將 DM 拿出來說明時，瞬間對方的眼有了生命，看得出眼珠一上一下在了解商品，雖然沒有提問，但看得出對商品有些興趣，加上我們的說明，整個神情多了許多光采。

在賣場中拜訪，有時候商品是救命仙丹，因為許多店員只要認定我們是業務員，我們說的話一概不信，因為對陌生人的安全感不夠，深怕被騙，但白紙黑字的 DM，是代表公司，信任度自然高許多，往往能逆勢翻盤，一張紙絕對有其不可或缺的功能。

(87) 拜訪效率

先前實作時，有位門市小姐提及有一位保險夥伴從第一次拜訪後，平均一個月就來店一趟，這樣的狀況已經有一、兩年了，現在見了面都可聊聊天，但我一直沒跟他買保險，而對方也從未提及保險商品。

以上的案例,如從店訪的效率來看,是不及格的,因為時間及心力的付出卻一直無法有業務進展,如此的拜訪像是做白工一般,何年何月有結果不知道,何況對方也不見得會接受商品。所以說,出門拜訪就如戰士出擊,能攻城掠地是目標。如只是就地徘徊,裹足不前,攻勢變守勢,那還不如回寨休息好些。

(88) 店訪之「正、奇」之法

孫子曰:「凡戰者,以正合,以奇勝!」意謂作戰明為兩軍對峙,彼此排列佈陣正面去迎戰,但最終取勝之道,往往是突擊、偷襲或因情報蒐集等特殊戰法而獲勝,所以孫子亦云:「兵者,詭道也!」詭道非正道也,乃出奇致勝之術。

掃街破門而入,看似單刀直入,面對面地在進行拜訪,此乃「正合」之意,但流程中處處設下伏筆,在不知不覺中叫對方丟盔棄甲,不着痕跡地卸下心防,在暗處迂迴轉變以求向前挺進,而明處相談甚歡,投其所好,直到「正奇合流」,歡喜離場。

而技法中有:

1.「請教貴姓?」的舖梗
2.「工作之餘」的轉折用語
3.「謚美之詞」的包裝
4. 溝通時反話的運用
5. 說明 DM 時,好奇心的製造

(89) 巧戰而能屈人之兵

店訪如作戰,不可能不戰而屈人之兵,但孫子也云:「上兵伐謀」,所以店訪的謀略是重要的,而其中如能巧妙地運用技法,非蠻強硬幹,方能化危機為轉機,絕處找到生機。所謂「巧」應在以下三方面精進:

1. 熟練～一回生兩回熟，而熟能生巧，熟練是 DS 的基本要求。

2. 構思～系統化或計劃性的安排，才能掌控進度，全盤到位。

3. 迂迴～以循序漸進之法向目標挺進，但對話過程中非直來直往，而是以旁敲側擊之法，適時予以切換話題，跳脫抗拒的漩渦，才能直搗核心。

(90) 多「器」齊下

1. 用腳展開行動
2. 用手記錄資訊
3. 用口說出話術
4. 用腦檢討反省
5. 用心體現熱忱
6. 用眼觀察神情
7. 用耳傾聽心聲
8. 用臉笑容滿面
9. 用肺充滿能量

(91) 一體兩面

打鐵成鋼，製成鋼琴，卻能彈奏出悅耳柔順的音樂；玻璃易碎，加工後，卻成超硬的防彈玻璃。所以說，許多事物都有其不同的面向，單看表徵，無法完整窺其全貌，我們必須注入更多更細微的觀察。

在陌增作業時，許多其他行業的業務員對我說：「葛先生，我聽說你們保險業現在也並不好做！」其實這句話我聽了二十年了，二十年前增員時就有房仲夥伴跟我說過這句話，這句話表面上是負面的話，但其實他那句話中的「也」字，正反應他目前工作的現況，不甚如意且有異動的心理動機。如果我們能清

楚說明保險的前景，順勢引導出對方心中的想法，增員成功的機會就大增了。

(92) 戴口罩能掃街嗎？

這幾天都在台南、高雄兩地跑，可能是空污的影響，在火車及捷運上戴口罩的人多了許多。今早從高雄到台南的火車上，車箱約二十人中有一半以上是戴著口罩，其中連台鐵站務人員也戴口罩，可見大家都不想當空氣濾淨機。

掃街走在外頭，一檔次三小時，如遇空氣品質不佳，難道我們也戴口罩沿街拜訪嗎？答案當然是不行。但我們又要如何保護自己的健康？多喝水是不錯的方法，如果有空，也可準備一些養生茶，譬如紅棗、銀耳、羅漢果，而綠茶也有潤肺的效果，反正多喝水就對了！

(93) 掃街「寶可夢」精神

上星期五出家樓下大門，赫然看見一票人，或站在路邊或坐在摩托車上，用手快速滑動手機，神情專注，動作快速，正全力以赴在找寶貝。

「寶可夢」遊戲軟體問世應有一年半的時間了，但粉絲的熱情不減，可知魅力無窮。如果掃街也能如尋寶般的熱情，持續拜訪下去，也只要一年半的時間即可完成佈點的計劃，而後緣故化的作業亦能開展，店訪已走入一良性循環。

(94) 放點感情

掃街有步驟，知道能循序漸進；掃掛亦有節奏，期使能迂迴轉進。但不論漸進還是轉進，整場秀都必要釋放情感，軟化賣場中的硬氣氛，方能施展軟實力，達陣成功。而營造氣氛可採幾種表達的方式：

1. 保持微笑，笑臉迎人是店訪的基本要求。

2. 多些生活用話，或略顯莞爾的遣詞用句。

3. 語調多些起伏，聲音的美感易張顯。

4. 訴求中多帶些小故事，大人小孩都喜歡聽故事。

5. 自我調侃也能自娛娛人，最能加熱氣氛。

(95) 能持續就有機會

　　有次中壢的實作，在中正路的金車酒坊店中遇到四年前SOGO百貨附近同一店的門市小姐，要不是對方主動問我，我還真一下子想不起來。這回拜訪，可能是看我還在拜訪，信任度增加不少，主動提及自己公公的保單需要變更要保人，但原業務員已退休，目前無人接手，希望有機會能幫助處理。我們在她店內多聊了些時間，她會主動想多問一些問題，只因還有行程，無法多逗留，但相信未來要成為客戶應不會太難。

　　與陌生人接觸本來就有一定的難度，但不論如何，持續的行動力可是對方眼見的事實，看在眼底，心底就多了一份安全感。

　　所以有一句口號：「Action is Power！」再真切不過了！

(96) 移動式「街頭藝人」

　　店訪時面對不同的商家都要扮演不同的角色，有時我們是聆聽者，有時又振振有詞，遇見老闆聊聊生意經；遇見年輕門市，談談流行訊息，舉凡古往今來天文地理，能聊則聊，不能聊就問，交朋友也創造客戶。一般街頭藝人只是定點賣藝能，我們則大街小巷賣「秀」，秀出自己的味道，秀出滿場的芳香，對方心裡在鼓掌，滿眼都是期待的神情。

　　街頭有藝人，才華洋溢；但馬路有我們，穿街過巷，為個人消化風險，為家庭降低損失，意義非凡，風華永現！

(97) 水窮山未盡、石剖玉方新

店訪其實是一趟探險之旅，未知的店，未識的人，一切都那麼高深莫測，心有顧忌，步伐穩重，就如在深山雲霧中孤身獨行，前景未明心在飄浮。但往往就在此時，水盡山開，撥雲見日，青山翠綠，聽鳥語聞花香，王維詩云：「行到水窮處，坐看雲起時。」絕處逢生柳暗花明是業務的必然，也是常態。

陌生市場，看似硬石一塊，店家態度很硬，神情很硬，對話也很硬，萬一我們心虛氣弱，對方會更強硬，但店家的硬卻只是表象，只要我們試著多敲幾下，皮落光澤現，寶石已然面世，我們有開採之優先權，且取之不竭，用之不盡。

(98) 好一個「樑、柱」

蓋高樓樑、柱是主要支撐的力量，但樑柱非只有硬邦邦的混凝土，中間必須有鋼筋埋在中間，才能萬丈高樓平地起，禁得強震搖晃，強颱來襲亦穩如泰山。所以好的結構，一定是剛柔並濟，有硬度亦有韌性。

店訪時，我們也是以中庸之道行之，不卑不亢，但也不任性而為，凡事應對進退有節有度，不自以為是，也不毫無主張，但凡見機行事，但合乎人情義理。如此業務大樓才能層層攀高，直上青雲！

(99) 接受度 → 信任度 → 影響度

第一次與店家見面時，彼此並不熟悉，何況我們還有業務的訴求，如何讓對方在短時間內接受我們初訪的主要目的，而方法上是營造一個輕鬆愉悅的情境。接下的複訪，為能加速朝成交挺進，本身的專業度要能加重比例，無非是希望建立信任度，提高店家購買商品的安全係數。一旦成為客戶後，開始進行緣故化的作業，尤其是店內其他店員是我們首要接觸的準客戶，所以服務系統要能到位，適時透遇服務品質，擴大自己的影響度，產生點、線、面、體的佈局，如此一來，店訪才有事

半功倍之效。

(100) 什麼才是真的?!

能掌握的才是真的！

在實作時我會常跟許多年輕的門市小姐提到，大多數商店的員工是沒有勞退提撥的，而勞保的投保薪資又不高，況且女性勞保年資點數及投保薪資會因家庭、年齡等因素，不見得會在最高級數。如是單身，一切都得靠自己，就算有了家庭，家庭的開銷以現在的生活條件而言，也需雙人負擔。

因此，再再顯示，如不透過現在年輕有能力賺錢時多存一些，退休階段時都有可能所拿無幾！

什麼才是真的？有錢在身邊不求人才是真的。

(101) 明槍「快」使，暗箭易防

掃街我們在「明」，而敵人都在暗，而且敵人不只一位，對方親人、朋友、同事都可能左右局勢，而最令人防不甚防且有殺傷力的就是對方保單服務人員及其他掃街的夥伴，而這兩方可能因訊息的獲得伺機而動，趁勢入侵，所以在策略的運作上，「明打暗」唯一的方法就是「快打強攻」，以迅雷不及掩耳之行動，瓦解各種可能的干擾，似快刀斬亂麻，短時間內神不知鬼不覺地搞定敵人，在敵人尚未出營前，我們已經攻城略池，先馳得點。

(102) 大數據

DS 很強調大數法則，透過比例上的計算，可調整時間的運用及效益的評估。譬如初期(三個月)的成交率就很重要，這是一切店拜計劃的原始依據，根據我帶班的數據統計，初期的成交率是 1/89，如放寬一點取 1/100。夥伴拜訪可依此一數據，換算出每月適合自己的拜訪家及拜訪天數，甚且可算出建立準客戶的比例，亦可評估出合宜自己能力的時數或檔數的安排。當

然還有其他許多的數據可留下，開始建立自己的資料庫，於此DS的大數據將是拜訪後所留下的重要資產。

(103) 口語表達

有次晨會分享，有夥伴問：「葛老師，聽你說話很流暢，感覺是在上中文課，要能如此，是否平常要讀許多書？」我說：「閱讀習慣要有，但不需要讀到博古通今學富五車，上知天文下知地理，而且我們也沒這麼多的時間可利用，但可就單一學科，或商或文或法……等皆可，找耳熟能詳大眾皆知的書籍閱讀即可，但重要的詞句或膾炙人口的文章能熟讀，甚且熟記背誦在腦，如此在賣場中就能不經意引經據典侃侃而談，賣場的氣氛亦有軟化的效果，並非都是過硬的業務言語。如此順暢地娓娓道來，聽者有意且有滋有味，自然能順利導入業務訴求，展現一場好看的秀。」

(104) 一日之計在於夕

黃昏時分是我們掃街拜訪結束的階段，雖身心疲憊，腳步已重，但還有最後一堂課要上。回到辦公室必須記錄先前三小時拜訪所獲得的資料，其次要打鐵趁熱，趁記憶力尚熟悉的狀態，記下在賣場中的妙言佳句，也思考一下值得再改進之處，透過檢討進入技巧面的細微處，再予以整合，成為自己擁有的訴求方式。如此，DS將能日新月異更上一層樓。

(105) 韓信點兵，多多益善！

門：「葛先生，儲蓄險我已經有買了，而且在去年才買，我不需要了！」

葛：「雖有點相見恨晚，但亦可為時不晚！俗話說：『韓信點兵，多多益善。』沒有人嫌銀行帳戶少，但現在更多人把錢流行放保險公司，因為勞工保險的退休給付是大問號，而商

業保險保證履約制才是驚嘆號，何況狡兔有三窟，妳才只一窟，多存點錢退休才能萬無一失。」

(106) 市場依舊如新

　　前兩天在中壢中平商圈實作，這個商圈多年來已帶夥伴至少跑過十次以上，心想這回的拜訪會不會碰到熟面孔。但兩階段三小時的實作，不僅沒碰到一位曾見過面的門市，反倒是許多年輕的新門市在顧店，雖也有許多業務員在掃，但能建立準客戶的比例依舊能在20%以上，其中甚至有三家店能一砲兩響，兩位門市同時都可成為準客戶。

　　市場永遠是競爭的，但競爭的環境中也永遠存在新的商機，因為時機一變商機就出現，而業務夥伴應在乎時間變化而出現的市場曙光。

(107) 有 DM 有真相

　　初訪時拿出商品 DM 是重要的，除可探知及測試對方對我們拜訪的接受程度外，亦能知曉對方目前對保險的需求度，正確無誤知道短時間內對方接受保單的狀況。如果對方不感興趣，短時間要買保單的機率應不高，倘若我們希望透過更多次的見面互動，企圖拉近關係後，進而有介紹商品或說明建議書的機會，但真實的情況是對方尚未有成熟的購買準備，恐怕我們會浪費許多寶貴的時間在無效的對話中，而心力的付出也無法得到適時的回饋。

　　所以說，有 DM 才有真相，有真相才能取捨，有取捨自然會有一定比率的成交率。如此一來，掃街的「量」與「質」才能均衡發展。

(108) 買、賣之間

　　許多夥伴在複訪時，往往在意促成時對方的拒絕，亦或不

喜說出促成的話。其實，要對方買保險應是業務員做起來或說出口最平常不過的一件事，可能是得失心的影響，往往力有未逮，喪失機會。

掃街的促成，我們應先有正確的心理建設，領會對方 Say No 是正常的狀態，只不過透過對方的回應，探知接受我們或商品的程度，方能有效及正確修正下一次拜訪的策略。如我們是採循序漸進的方式，見一次面多了解一點的作業進行，時間的效率會打折，容易誤入不可測的深淵，看不到盡頭，沒完沒了。所以複訪是在設定時間及見面次數的前提之下作業，而「促成」是執行作業的最佳手段，如提前購買，皆大歡喜！

(109) 餐廳的選擇

有一次在三重實作，其中拜訪了兩家餐廳，一是自助火鍋店，一是歐式的餐廳。下午休息時分沒有客戶，但前廳都有服務人員，進門拜訪時，對方的態度都不錯，因短時間內不會有客人上門，能交談的時間就從容許多，其中的歐式餐廳，夥伴在店中停留近二十分鐘，相談甚歡，也想了解一些特定商品，算是 A 級的準客戶。

而餐廳可能會是夥伴掃街跳過不拜訪的地方，殊不知店內機會不小，大夥可嘗試看看。

(110) 強態

強態非強勢，「勢」有外在的表徵，太過的氣勢，在拜訪時亦引反感，反倒有損訴求。而「態」是由內而外心性內涵的表露，可柔可剛，可攻可守，在應對間可義正詞嚴亦可談笑以對，千變萬化也風情萬種，但我們始終向前方的目標挺進，只不過透過「態」在情、理間找出的平衡「度」，掃街的節奏感就可掌握在手中。

(111) DM 說明的四要

1. 引導～以手勢帶動對方眼神的注意力。

2. 觀察～隨時了解對方對說明的關注程度。

3. 詢問～說明的過程中，適時詢問，反覆兩、三次測試對方的關注力。

4. 總結～以易懂的言語，類似一段廣告詞的說法，總括地點出商品的重點。

(112) 出門、進門

有夥伴問：「老師，你覺得 DS 最困難的地方在那裡？」

我回答說：「如果你是新手，如何在辦公室時願意出門拜訪，是夥伴首要突破的關鍵。而到了商店的門口，能摒除心中雜念，勇於邁開步伐進門拜訪，更是關鍵中的關鍵。如能願意出門，勇於進門，DS 已經成功了一半，若能再持之以恆，終將日起有功，看見坦途！」

(113)「理」所當然嗎？

掃街時因所拜訪的量大，所遇見的事也千奇百怪，我們常說，一樣米養百樣人，在與陌生人接觸的過程中，真能體認人是複雜的生命體。所以單就個體而言，我們理性的訴求雖有正當性，但所表達的言語，經過對方內心世界的轉換後，再加上個性、喜好…等因素的影響，所呈現的必非我們所預期的結果，且常常超乎想像，令自己一頭霧水。

所以，我們的拜訪要有一個共識，發乎情止乎理，在情、理的互動中，才能體認事實，也才能寬於心，不為不合理的狀況徒增困擾。

(114) 不可思議

掃街時在賣場中的表現有好有壞，但隨經驗的增加，愈來

愈能上軌道,甚且超乎自己的想像。

而最令人意外的是,一些本身不常用的遣詞用語,此時竟會不經意的脫口而出,而這些話語卻是當下最佳的回應語,除能有效處理情境,亦能一氣呵成地展現自我。等出門後,回神一想,超乎想像太不可思議了!人的潛能真的無限寬廣,套一句修改的廣告詞:「傑克,掃街太神奇了!」

(115) 假設是真的

「假設」雖是前題,但掃街的夥伴一定要能凡事「假設」,而且「假設」的事真的會如期發生:

1. 假設我辛苦跑 DS 一年後,會有什麼理想回饋?
2. 假設我努力拜訪 1,000 家店後,我會擁有多少客戶?
3. 假設我使力鑽研技巧,相信成交率一定會再成長。

「假設」非事實,但它在成為事實之前,給了我們十足的動力。

(116) 精誠所至、金石為開

應對謙恭,表現對商家的誠意,是 DS 時應有的態度。但態度的展現非指一時的狀態,而應成為業務常態的習慣。而誠心正意的具體展現,在促成失敗的當下最應堅持下去。所以我們依舊要笑容可掬,言談中不顯露心情,以平常心看待互動,喜怒不形於色。要知道,當對方拒絕購買保單時,他們也是有壓力的,如果我們能笑臉以對,相信對方的心情一定輕鬆不少,因此對我們的評價會提高,而大大增加日後成交的機會。

(117) 春花秋月很快了,DS 跑多少!

明天是 2017 第四季的開始,而往年店訪的作業規劃,此時是檢視的重要時段。先行評估前三季的拜訪量能,再算算成交的件數及業績,是否有追上年度的進度,若是超前,可多花一

點時間在「陌增」上；若有落後，則第四季要再加足馬力，迎頭趕上。

此外，第四季也是檢視緣故化作業成績的時機，如有增加有效客源或成交人數，則繼續努力，如嚴重不足，則必須找出方法補強。

(118) DS 的水與美

DS 挫折時滿肚苦水，心事誰人知，有一種千山獨行不必相送的孤獨。

DS 酷暑時滿頭汗水，滴滴流下土，步步皆辛苦，領帶及衣衫，溼透又乾盡。

DS 拜訪有淚水，互動看臉色，神情似不屑，話沒三、兩句，含傷帶痛調頭走。

DS 遇雨水，騎樓下佇足，屋簷下等待，名片已半濕，鞋內有水聲，仰天徒歎息。

DS 有汗水、雨水、苦水、淚水交織成一篇篇動人的故事，豐富了業務生活，多彩多姿有情有緣，當下辛苦點滴心頭，回憶時卻是一幅幅美麗的風景，美上心頭。

(119) 給遊子

多年 DS 的教學，學生中不乏外地的遊子，有些夥伴是南下另闢戰場，後山到前山亦所在多有，而更多是北上打拼的異鄉遊子。而保險緣故市場有其地緣因素，對異鄉客而言卻有點可望而不可及，就算能週週反鄉經營，所花成本不容小覷，所以就地開發勢在必行，為能有效增加名單量，DS 有其必要。

回顧參與市場實作的夥伴中，有一定比例是外鄉的年輕夥伴，他們在人生地不熟的環境中掃街拜訪，應是倍極辛苦，但他們的學習力卻是最強的，過程中賣力演出，稍有空檔就會提問，分分秒秒充分運用，常說七、八年級是草莓族，但我所認

識的他們,有著原鄉的質樸精神,加上退無可退的拼戰鬥志,雖在異鄉為異客,但反客為主,透過 DS 開花結果,在保險事業已佔有一席之地,甚且盛名遠播,故鄉亦與有榮焉。

(120) 嚴以律己才能寬以待人

DS 的訓練是嚴謹的,自我要求的程度高,過程中但能一絲不苟步步為營,為的就是如此才能面對嚴峻的市場挑戰,打敗競逐者,成街頭一霸。

此外,嚴格的要求之下,我們可是有備而來,賣場中的狀況皆能四兩撥千金,瞬間迎刃而解,笑傲賣場已能操之在我,更易以寬鬆自然的心境看待對方的一言一行,心無罣礙地一展長才。

大家都知道,對方輕鬆我們才會輕鬆,但如何使對方輕鬆?非我們自然而然的呈現,而是在訓練後的情境掌控,驅使對方照自己的戲碼走,在引導的過程中,我們因有效的控制技巧,對方亦能快速卸下心防,如此才能相談甚歡。

(121) 長而不墜

射箭有技巧,但更強調心法,兩相得宜,才能百步穿楊,箭無虛發。執弓之人有七法~

一曰:身直

二曰:眼銳

三曰:手牢

四曰:腳穩

五曰:心正

六曰:力猛

七曰:氣沈

我覺得陌生開發的夥伴也都應有如上七法的養成。這七法中,我們細細品味,其實很強調身、心、靈的協調與融和,由

外在的體態到內在的心理素質,如能揉合一體,將會是力與美的完美展現。然而「發而不中,反求諸己。」有精益求精反思檢討的義意。所以,其過程中有禮、有節、有韻、有氣、有力、有技、有讓,而這些不就是掃街夥伴應培養的自身條件。

(122) 店訪「快」中的慢活

DS是基本功的訓練,其中不缺土法練鋼的方法,無法躁進,更無捷徑,涓滴才能成河。而背誦資料是必要的養成訓練,如不熟記資料,在賣場中因緊張而腦海會放空,所有的技巧將無法施展。

所以,腦海中一定要有所本,隨講隨翻,就算是拒絕問題,也都已匯編成冊,可隨時上口應答,如此一來,賣場中口能滔滔不絕,手能呼風喚雨,行雲流水間就能卸下對方的心防。

(123) 店訪以「快」取勝

「快」是店訪的作業原則,如何能在短時間內成交,改變自己的角色,由業務員變服務員開啟緣故化作業的作業。

此外,店訪時我們有兩位看不見的敵人,一是對方保險經紀人,一是也在掃街的其他保險夥伴,如果我們動作稍慢,敵人就可能趁虛而入,先下手為強。

但「快」並非步步進逼打蛇上棍,而是在短時間內按計畫作業,驅使對方在不知不覺中,進入我們營造的氛圍中,在相談甚歡之下,自然能縮短成交的時間。

(124)「東眼」有步道、條條皆相通

昨日沒課,到東眼山森林公園一遊,東眼山的步道有主、支、次線之分,但皆相通,可依自己的體能去選擇,因趕點時間,遂選了一條支線來走,四十五分鐘的路程,有蛙鳴鳥叫,有蜂蝶相隨,大樹底下透心涼,一趟芬多精之旅舒暢身心。

心想，DS的環境要是如此，就太完美了。但事實上，客觀環境是不可能辦到，但拜訪時的心境卻可調整，當日的拜訪就當是一趟森林浴，我們就當在走健康步道(人行道)，將心融入森林的情境，拜訪起來亦會輕鬆不少。

(125) 帶光譜上路

掃街要有氣力，面對市場的挑戰，強的心理素質能所向無敵。但我們並非隨時都有100%的氣力，如果有一方隨時讓自己都有一定氣力如影隨形，豈不更好！

首先，出門拜訪精神要足，有精神就有氣力。其次體力要夠，平時如多運動，跑起來會更帶勁。最後，是一個小祕密，就是行前多聽聽自己拜訪的舊錄音檔，有暖身的功能，且有修正改進的效果，保證拜訪無往不利。

(126) 完美的守備

店訪不完全是進攻，在保單成交後的三星期內，是我們守備的開始，因為怕對方突有變掛，保單要契徹，而先前所有的努力將毀於一旦。首先，有五階段的安排，可讓保單滴水不漏：

1. 成交第二天親筆寫封感謝信函寄出，但不透過網路。

2. 成交第三天，帶一份小禮物到店內探視，拿人手短，吃人嘴軟。如果可以，可要求自拍合照，說是單位要貼榮譽榜上。

3. 成交第七天，打通電話或LINE中話家話，不提核保之事，但可提因是陌生成交的Case，主管特別有安排晨會的分享。

4. 保單核保下來，不事先電話聯絡，直接到店中遞交，我通常會利用PM8:00~PM9:00時間送保單，因為接近打烊，對方精神較差且不佔用白天業務時間，如果還有空檔，可認識其他店員。

5. 遞交保單十天內就暫時不聯絡了，靜觀其變。如一切無聲無息，我們的服務接著上場。

(127) 真的,很不簡單!

我認識一位夥伴掃街已經三年多,彼此也常保持聯絡,尤其在 FB 上常會問我問題,也因為交流的次數多了,字裡行間我頗能體會他當下的心情。的確,有幾次就能感受到他在拜訪上挫折感,但他的問題始終就事論事,以解決問題為主。

上星期他回了訊息給我說:「老師,今天是我跑 DS 的第500 天了,你說掃街要記錄,別人用家數做記錄,我用天數做記錄;別人一檔次二十家店,但我只能拜訪十家店;別人一週跑兩天,我較遲鈍,我一週跑三天。但你要求的量能,我只會多不會少,我已經有 38 位 DS 客戶,不是很多,但我很珍惜,因為得來不易。」他接著回訊說:「我手上還 500 多位的準客戶,最重要的是,掃街的心理障礙幾乎沒有了,這是我 DS 最大的收穫。」

這位夥伴雖花了多一點的時間在掃街上,但堅持的精神讓人動容。「契而不捨、勤能補拙」永遠是 DS 不變的真理。

(128) 渴望的創造

渴望比需求在人性上更強烈些,是一種迫不及待的獲得感。業務進行的過程中,我們都在為對方的渴望感受加溫,不僅是在創造需求,而且讓對方有急於下決定的衝動。如吃美食要排隊,百貨公司週年慶的人潮,總是欲罷不能,其中「性價比」的高低卻是渴望感的關鍵因素。

對保險商品而言,價格是固定的,但性質、性能卻是可論述的,不一樣的人有不同的說法,但吸引人處卻又高低不同,但確定的是,道行高低端看此處,神氣活現可讓對耳目一新,畫龍點睛卻能觸動心靈,急速的渴望感應運而生。

(129) 市場有驚奇

週五在北投實作,因是第二天的訓練,由夥伴帶我進門,

我則在旁觀察夥伴應對的狀況。

夥伴及我進門說明來意後，門市小姐很親切，且說三年前在同一家保險公司服務過，但因為家庭因素就離職了，但成交客戶的服務還是盡力協助。言談間發覺對方並非因已離開保險業而心有間隙，反倒認為保險是值得投入的事業。交談一會兒後，實作的夥伴也順勢拿出 DM 說明，對方頗能認同，但對外幣保單情有獨鍾，相約下週當班時再了解建議書。市場總有出人意料外的人、事、物出現，這也正是掃街之樂趣所在。

(130) 走出去就有機會

上個月在士林商圈實作，這是許多夥伴都認為很競爭的商圈，果然拜訪第一家店的門市就說，平均兩、三天就有會業務員來拜訪，我心裡想，今天的仗會硬一些。然而接下來的拜訪卻非如此，可能是門市初來乍到，也可能新店才開，競爭的情況卻沒那麼嚴重，其中有家 GMC(健安喜) 的健康食品店就相談甚歡，雖有三位門市，但我們左凸右衝，面面俱到，三位小姐都很健談，對商品的接受度都還不錯，如依準客戶的標準來看，有 1A2B 的成績，也就是說一家店就能建立三位準客戶，不亦快哉。

所以說，有商店就有人，有人就會有市場，有市場就能進行銷售，只要能盡其展現拿出功夫，雀屏中選是早晚的事。

(131) DS 有時盡、相見無絕期

掃街三個月 12 週為一期，結束一期後應有適宜的檢示，尤其是心力上的感受，如有愈戰愈勇欲罷不能之勢，當然再進行下一期的現劃。但如有身心俱疲有心無力之感，應要適時踩煞車，先停下腳步，讓身心有充分的調息，而暫停的時間也是以一期 12 週為準，但在這休養期，首要有其他業務通路的備案，方能業績上無空窗期。而這段期間應要不斷地學習，提昇自己

的人力資源,等到 12 週過後,再以全新的自己面對市場,相信那時的自己會有不同以往的表現。

(132) 神態自然中現矯情

面對陌生人,我們為了能博得對方對我們較深刻的印象,我們應有不同於面對熟人的處理方式,而稍為誇張的言語在所難免,但在神情或動作上應要自然流暢,表現出行雲流水自然而然的美感,再搭配言語中較高的落差,實境中的致命吸引力會完美呈現。

若是神情、動作、言語都是極度的誇大,效果會適得其反,對方心理的反感愈強,反而不是我們所樂見。

(133) 走自己的路

2017 泰利颱風從成型到一路向西,四、五天來引起國人的重視,如是強颱襲台,將是一場災難。但泰利打破七、八個國家的預測,也跌破不少專家的眼鏡,在預測之外,泰利走了一趟自己想走的路,威力不減,依舊讓人聞風喪膽!果是世事難料,泰利的走向,只說明它主宰自己的命運及發展。

DS 這條路,許多夥伴可能覺得困難重重,也認為失敗的機率很高,並不是很建議嘗試,言之鑿鑿眾口鑠金,DS 始終不是很熱門的業務通路。雖是如此,但其中有些勇於嘗試的夥伴,渡過重重難關,終走出自己的一條路,而且虎虎生風,氣勢不同,成就非凡。

(134) 客戶像朵花

DS 成交的客戶,雖然認識不深,但在緣份的牽引之下,有了共識相知的開始。其中許多客戶認識多年,說是老朋友老交情亦不為過。

而且我發現,只要對方覺得我們服務得不錯,轉介的機率

很高,而且許多都是主動推薦名單,且在 DS 客戶的加持之下,成交率都很高,談起保單如順水推舟。課堂上我常強調,如能在最短的時間內先成交是重要的,透過身份的改變,主被動的關係也跟著改變,加上服務上的加分效果,DS 的成交效益不再是事遙不可及的事。

(135) 掃街有洋蔥

掃街在外,有汗水也有淚水,更有滿肚的苦水,心情宛如一首台語歌名:「心事誰人知」,但 DS 的吸引人處,正是汗水、淚水、苦水交織在一起後的動人樂章。掃店跑店的惕己之言:「凡走過必留下故事」,然而事實上,留下的篇篇故事,事後回想之,都會不自覺地留下淚,但在淚水中會有新生的力量,以柔化強的行動力油然而生,因為故事已經發生,自己是主角,把戲演好演滿,才會有店家們如雷的掌聲。DS 路上,我們不是 B 咖,也不是臨時咖,而是纏金戴玉的 A 咖,只要能化悲憤為力量,我們就是頭戴皇冠的最佳男女主角。

(136) 巷、弄傳奇

店訪不外穿梭在街道巷弄之間,固然在大街上有顯而易見的目標可拜訪,但在巷、弄中另有玄機,因為巷、弄中的店大都是個體戶,自己開店當老闆,只要相談甚歡,不只停留的時間可稍長,業務的訴求也較能深入探討,如對方購買的意願有出來,第一、二次的複訪就能成交,可有效降低時間及人力的付出。

(137) DS 的因與果

佛家講因果關係,種因得果乃輪迴的定律,所以強調利益眾生,種善因得善果。但果報是否能如人所願,卻有著「緣份」的牽引。所以說,因果有時,隨緣即能了然。

DS的作業，正是到處種因結緣的過程，拜訪時是辛苦的，一個步一腳印，走遍大街小巷，如苦行僧般地拖缽前進，環境雖變化多端，但心境是平靜喜樂的，因為與人結緣的動機，潛在且無窮的力量加注在我們身上。然而辛苦的付出，是否在當下有Case能成交，每個人卻有著不同的結果。

許多夥伴會急著問我：「老師，跑了這麼多的店，何時才能開張？」我說：「先按原計畫去跑，量能不能少，但過程中不斷檢討改進，尤其技法再鑽研熟練，相信與準客戶的緣份內涵就起變化了，成交應在不遠處！」而當初問我這個問題的夥伴，如今已是業務經理。所以說，掃街雖然有許多的心法及技法值得探討，但作業的道理很簡單：「辛苦耕耘，他日必歡喜收割。」不是不果報，假以時日必果實磊磊。

(138) 以真亂假

我們知道在賣場中的互動，剛開始對方會很客套，因為一面之緣之下，互信幾乎是「零」。所以對方講的話也不見是真話，許多都是敷衍的回應，然而賣場中最難得的是，對方針對我們詢問後的回應，只要不是拒絕拜訪的言語，我都樂於當真去回應，譬如說，買多少保險、繳多少保費、目前的購買能力……等，許多明知是假議題，但假戲真做認真回應，將誠意及專業表現出來，娓娓道來順勢主導情境，一方面展現自我提高信賴感，一方面可延伸話題及互動，探索真正的問題及需求。

(139) 市場會善待業務員

雖說DS挫折不小，但只要拜訪就有機會。雖然大部份的人會拒絕我們，但可貴的是有小小部份的人會接受我們，因為每個人對保險的需要因時間而不同，彼一時此一時也，物換星移時空環境在改變，故事會發生，事故也會發生，而我們的造訪卻可能一拍即可，何況我們還有創造需求的空間。所以只要

走出去,市場的一扇門永遠是開著。

(140) 我做故我在

掃街是高度行動力的展現,看似千篇一律的拜訪,卻有著千變萬化的可能,人物不同,場景不同,話題也可能天南地北,過程中總有意想不到的驚奇,有時令人拍案叫絕,有時覺得不可思義,點點滴滴的片段集合成一個回味無窮的故事,千萬分之一的緣份更能撫慰心靈深處,回首林林總總的過往,好似一幅美景就在眼前。

存在的價值是人性基本的需求,而動起來才能展現風采,贏得喝采!

(141) 老天善待業務夥伴

能夠掃街拜訪,可是老天的恩賜!

1. 因為祂給了我們一個舞台,能讓我們盡情揮灑。

2. 因為祂給了我們一個辛苦的開始,卻有倒吃甘蔗的未來。

3. 因為祂的光照著流汗拜訪的我們,人在做,天已看到,好運也會跟著來。

4. 因為祂讓我們知道天下沒有白吃午餐,我們必須一步一印。

5. 因為感謝祂沒有溺愛我們,讓我們知道萬丈高樓平地起。

6. 因為祂給了我們一個平凡的起點,卻擁有不平凡的未來。

老天對業務員不薄,對 DS 的夥伴更是勤加培養,出門拜訪,如有挫折,抬抬頭吧!老天始終用關愛的眼神看著我們。

(142) 我們知道的絕對比對方多

許多夥伴跟我說:「老師,其實要我推門拜訪並不難,我會緊張的主要原因,是我怕對方的問題我招架不住,我的年資還不到半年,萬一呆在現場會很難堪!」

許多掃街的年輕夥伴,都會有這一層顧慮,擔心這又害怕那!其實在店訪時,如果我們考過登錄證照,且初級教材能融會貫通,就能應付九成五以上的店家。店家所能問的,絕對比我們知道的少很多,畢竟他不在保險業,所以無論是反對問題的處理或是商品的內容的疑問,我們都能展現兵來將擋水來土掩的因應之道,但回應的品質卻至關重要,如能歸納出條理,從容不迫地脫口而出,在對方面前侃侃而談,對方的問題卻是展現自我的機會,會增強購買的動機。

(143) 沒有退路

沒有退路,就只能前進!業務不會退一步海闊天空,只有退一步退百步,因為不進則退。

他是多年前市場實作的學生,記得那時他才退伍沒多久,來市場實作只因囊橐將盡,將自己所剩不多的錢,來學陌生開發,兩天的學習自是認真務實,且不時提問,我則有問必答,實作的學習效果算不錯。上星期他突傳訊說要晉升襄理了,想邀請我參加升級酒會,不巧那天我有課程,不克前往,但對方在訊息中強調那兩天的實作對他的幫助很大,雖然在陌生市場賺到得錢離目標還有一點距離,但當時能有一個退無可退的唯一選擇,他很感恩也覺慶幸,直說天無絕人之路,路雖遠不好走,但路旁尚有小花小草相伴,依舊看到美麗風景線。

(144) 賣場中由客場變主場

2017「世大運」台灣主辦,我們有主場優勢,所謂優勢不外天時、地利、人和的加分效果。但在店訪時,我們可是闖進

了別人的場子,但如何能化客場為主場,還是靠天時、地利、人和。

「天時」所指為拜訪的時間及時機,譬如下午的時段適合初訪,因店家的生意較清淡;而夏日酷暑、寒流來襲或大雨天都是可善加利用的「天時」。所謂「地利」就是在同一商圈拜訪的心得或是新探知的訊息,提供給拜訪的店家,增加可談的話題。而「人和」非指人氣,因為只有我們一人在店內力拼,但如何有「人和」的效果?其方法是投其所好,以同理心走進對方的思維,先將兩顆心連在一起,就能將兩個腦袋合而為一,當然自己的氣勢就會出來。

(145) 心嚮往,則成之!

有一位實作的夥伴,從台南到台北打拼,因在台北認識的人不多,陌生開發勢在必行。當初在討論拜訪商圈時,她說台北有一個地方~天母,很有異國風味很浪漫,還在台南時就希望有一日能親睹芳顏,但因自己沒去過,很想去那兒大展身手。

因為她對天母商圈不熟,我希望她能在實作前能多去幾趟,了解地形及面貌。果然在實作前她很興奮地去逛了幾次,而正式實作時,反倒是她跟我說想從什麼點先開始,像是我跟著她拜訪般,一路上,只要是在外頭人行道上,她就會告訴我接下來的店況,感覺上她像是道地的天母人,與她拜訪倒也輕鬆自在。

後來她在天母陸陸續續也成交了一些 Case,算是紮根在天母,有一回在 FB 傳訊給我說,她在天母增員到一位門市小姐,因為原來的店生意不好要收了。果然是銷售、增員雙響炮。

(146) 移轉反對問題

在賣場中的反對問題會發生在兩階段,一是在「承」,也就是在對話加溫的過程,此階段的反對問題是以拒絕購買的訴

求為主，可歸結成三個字「我沒錢」，我們只需要合情合理的回應即可，藉以提高對方對我們的評價。

但如能將「拒絕購買」引導到「轉」的商品訴求，在商品訴求引導出對商品的反對問題，則反對問題不再是負面的，因為單純的商品反對問題，代表對方已將注意力擺在商品上，已是選擇的層面，而商品的問題卻容易說明及解釋。也就是說，反對問題如能從態度層次流向技術層次是最佳的解決之道。

(147) 軟化、軟話

1.「今天拜訪有三不策略，不投資、不理財、不保障，因為投保率 240%，平均每人 2.4 張保單。所以目前都是退休養老的商品為主。」

2.「這裏有張 DM 可以給您參考，工作之餘，可以去了解一下，如果有需要，你有我的名片，電話可跟我聯絡。林小姐，您看這裏…」

3.「我們的拜訪絕不強人所難，不趕鴨子硬上架，買在高興很重要，買在壓力就沒必要了！但真的覺得不錯，就不要讓機會從手中溜走。」

能軟化對方，首在軟話的運用，降低心防解除戒心，才會有進一步的攻勢可言。

(148) 瘋狂一夏

在業務單位時，每年的 6～8 月是 DS 班的特戰期間，12週的掃街活動，是夥伴們年度的「重訓練」，不要說外頭酷暑難當，內心的壓力亦如泰山壓頂，每當下午出發前夕，有的夥伴磨拳擦掌躍躍欲試，有的卻神情焦躁心慌意亂，但不論場景如何，一聲令下，戰鼓一敲，全部出籠，開始街頭撕殺，整個台北市就是戰場，夥伴毫不保留，力拼到底，塵戰三小時，五點一到，鳴金收兵，快樂回航。

DS 班是年度中最熱血的活動,有朝氣、活力,亦有故事、回憶,雖有苦楚心酸,但成交的豐收,絕對值得高唱凱歌。

(149) 講話的急緩

若在賣場中,發覺對方的態度始終冷淡,眼睛中透著不奈或不屑的神情,這代表彼此的感覺遠了,當下能處理的方法,只能加快我們講話的速度,化解對方隨時可能拒絕的口語或動作,再透過話題的切換,以輕鬆且對方容易上口的話題處理之,再觀察其神色是否坦然自在,我們漸次再回到主軸的業務話題。

(150) 掃街即掃心

店訪是 DS 的通路之一,因是店家的拜訪,所以必須推門進入賣場內進行銷售,然而許多夥伴卻屢屢在門前鼓不足勇氣,怯於破門而入,原因在於心中有雜念,而當人面對挑戰時,雜念亦容易放大,風吹草動就裹足不前了。掃街要能持續拜訪下去,而且愈掃愈勇,就必「心如止水」,縱有承擔與壓力,亦視如生活中之正常狀態,心平氣和地按部就班進行。

市場實作中有一位夥伴,面對單飛階段時,進入每一家店之前,都會來一次大大的深呼吸,然後毫無懼色地就推門了。事後他說血管中氧氣多一些,心臟就強一些,勇氣自然就出來了。人皆有心,有心就會有情緒的波動,能化波動如平靜,經驗可使然,但無心更勝有心。

(151) 有壓力才有我們

母親在分娩時,因子宮收縮而有臨盆的現象,中間卻需要母親不斷地出力,而肚中嬰兒才能在擠壓的過程中,順利離開產道,來到花花世界。

有幸成為「人」,不僅是因為我們的基因強悍,而且本質上能承受的壓力就不低,出世本來就能在社會中承擔重任,找

出自己的生存條件。

業務是有壓力的，尤其是 DS，沒有人能輕輕鬆鬆做陌開，但壓力讓我們知道：

什麼叫愈挫愈勇！

什麼叫百折不撓！

什麼叫咬緊牙關！

(152) DS 的最高境界～奔放

掃街最初總是跌跌撞撞，一段時間後才能邁開大步，然而經驗在增加，技術在精進，此時拜訪已能健步如飛，跑的速度出現了。但效益最高的當然是以「奔」的速度過關斬將，拜訪如入無人之境，能隨心所欲，盡情揮灑。

而掃街首重「氣」的調節，有氣才有力，而氣力的展現卻在於心境的平和，如能心無罣礙，不受周遭事物影響，全心全意投身拜訪，只為一個單純的目標～成交，心無旁鶩，凡雜事皆能放下，化煩心為放心，「放」下壓力、挫拆、尊嚴、不堪，自然身輕如燕，奔放於大街小巷，怡然自得。

(153) 巾幗崛起

我曾帶過一個年輕的女夥伴在台北延平北路實作，第二天的實作拜訪了一家情趣商店，店內的老闆娘人很親切，大夥相談甚歡，對提供的 DM 也頗有興趣，算是 A 級的準客戶。

但後續兩次的複訪確不順利，對方總是講了些不着邊際的拒絕問題，此時的互動似乎冷了許多。但這位女夥伴因要拼競賽及升級，隔有月餘，第四次拜訪老闆娘，然而這回的見面卻有不同於前兩次的氣氛，老闆娘主動詢及短期儲蓄險的方案，最後買了一張躉售三百多萬的保單，也因為此一張保單，這位女夥伴的業務目標全都完成了。其實，業務往往就是在絕望的當下，如能再堅持一下，就能絕處逢生柳暗花明，看到新希望。

(154) 品牌

掃街拜訪時，面對店家遞上一張名片，讓對方認識我們及知道我們在那家公司服務是重要的，尤其是公司抬頭對方會比較熟悉，對我們的造訪會安心不少。畢竟我們是陌生人，自己的名字應微不足道，透過公司品牌的認知，無形間會有助益，如店家又是公司保戶，能聊的就多了。

房仲業的市佔率，「信義房屋」一直高居第一，但信義房仲員的平均年齡是最低的，但「信義房仲」主打公司品牌創造品牌的忠誠度不遺餘力，讓市場經驗單簿的年輕房仲，依舊能經營起上億的業績。如能善用品牌效應，夥伴在賣場溝通時，多帶到公司正面或利多的訊息，應會強化購買的意願。

常聽許多保險夥伴強調，經營業務要樹立「自己」就是品牌，或許對許多資深或高階的主管是對的，因為多年下來的人脈及口牌，往往一句話就代表堅石般的承諾及對方十分的信任。但陌生市場不同，初期的攻城掠池，如只靠自然人會千辛萬苦，如能加上法人，兩人同行，就能相得益彰。

(155) 業務的搖滾人生

記得八年前曾帶一位保險新人進行市場實作，而當時這位年僅24歲的夥伴，是我上課休息時間第一位跑來說要報名市場實作的課程。後約好了日期，我們就在中山北路雙連地區進行兩天下午的拜訪，這位夥伴有初生之犢不畏虎的精神，勇於破門，如入無人之境。

而後這位夥伴也陸陸續續增員了許多夥伴，他成為單位中DS的種子教練，團隊中也培養不少掃街高手。如今事隔八年，他自己成立了通訊處，帶領更多的夥伴揮軍市場，搖滾更璀璨的人生道路。

(156) 除銷售步驟外，尚有銷售節奏！

　　步驟是個流程，在銷售過程中是支撐銷售循環的骨架，是固定的型態。但銷售不僅是照步走，在走的過程會有許多客觀的因素影響流程的快慢，我們都必需小心翼翼處理之，尤其當下情境的掌控，如何能收放自如進退得宜，所展現的就是銷售的節奏感，透過步驟及節奏才能呈現銷售的藝術感。而節奏不外感覺的遠近，訴求的快慢，講話的急緩，問題的切換，左右的觀察、停留的長短。

(157)「同」情

　　與陌生人博感情可是一種挑戰，說交情沒交情，說感情沒感情，更何況親情、友情、地上情、地下情，什麼情都沒有，又如何能進行情感的交流？其實還有一種情可用，這情叫「同情」，同情不是要對方憐憫我們，我們掃街正大光明，訴求義正詞嚴不卑不亢，不需要降低自己的格調，但同情的重點在「同」字，因為能找出彼此共同的話題，才能產生情感的交流，舒發情緒，了解當下對方心情的跌宕起伏，與之同喜悲同苦樂，在高處時我們錦上添花，在低谷時雪中送碳，相信認知的熱度馬上就有了，三個月的交情，十分鐘就能搞定了。

(158) DS 是補名單的良方

　　今早在中壢的通訊處晨會分享，因早到半小時，遂與處經理閒聊了一會兒。處經理人很親切謙和，對談中有沈穩之風，對陌生開發的看法也頗認同，認為年輕夥伴或新人們應要積極開發市場。談話中我也提到，目前許多業務夥伴非當地人，在外地打拼人脈不夠，必須靠 DS 補名單之不足，而處經理亦同意此看法。

　　「量大人瀟灑，質好人無憂。」是保險業務的最佳狀態，緣故及陌生只是一體的兩面，理應相輔相成互為支援，達進可攻退可守的平衡狀態，業務自能成就一番氣候。

(159) 真情以對、真誠相待

店訪時雖接觸的是一面之緣的陌生人，但如果我們內心將對方當親人、朋友般對待，那怕對方不理不睬距人千里，我們也要和顏悅色微笑以對，因為只要能面對面就是拉近情感的開始，俗語說：「見面三分情！」而陌生市場初次見面卻只有一份情，但如何能變一分進而三分到十分，非在於對方，而是我們始終保持對待親人、朋友的真情與誠意，相信對方的態度也會隨之調整。

(160) 跑就對了！

電影「阿甘正傳」是我非常喜歡看的一部電影，雖是一部二十多年的老片，其精神及內涵卻深植我心。電影中不聰明的阿甘因為「跑」，而跑出了比許多人更璀璨的人生。下半場有一幕，阿甘在自家老宅的屋簷下，穿上新球鞋，不由自主地開始跑了，在美國的東、西岸間跑了三年四個月，過程中風餐露宿，日夜兼程，披星又載月，在經過風吹日灑雨淋後，阿甘滿臉的皺紋滿嘴的鬍鬚，但眼神是如此堅定。當最後在公路上緩緩停下腳步時，回首卻是一大票人在追隨阿甘。

這是多麼感人的一幕，阿甘沒講一句話，透過行動卻成為眾人的表率。而我們保險事業不就是要有人追隨及加入我們的陣容。而我永遠相信，高度行動力就是組織壯大的萬靈丹。

(161) 台前展現

許多夥伴一知道當天要做陌開，總會心神不寧，深怕自己的表現不如人意。尤其想到在賣場中可能出現各種未知的狀況，就渾身不對勁。

要能處理此一心理狀態，平日若能多掌握上台的機會，習慣面對多數人的環境，且能更進一步將自己準備的講稿用背誦的方式表現出來，口語流暢外帶生動活潑，相信對陌開絕對有

提振氣力降低壓力的效果。

(162) DS 是氣力之爭

每個人都有力氣，出門逛街的時間或長或短大都沒問題，但如是掃街拜訪，短短一百公尺，可是舉步為艱。但如能心定氣足，就能橫衝直撞，左衝右凸，儼然馬路小英雄。所以說，氣力是掃街最重要的元素，就算自己技法嫻熟，如果店家的大門都怯於推開，則一切都是惘然。而氣力的來源，可為下列的訓練：

1. 資料的背誦
2. 單位台前的分享
3. 拜訪的經驗
4. 建立核心的理念
5. 一股不服輸的精神
6. 背水一戰的終極目標

如果心如磐石，絕對動如脫兔。

(163) 疾風知勁草

店訪不僅是辛苦的，面對的是完全競爭的市場，每天下午都有許多夥伴穿梭在大街小巷中，為心中的夢想，一步一腳印地接受環境的考驗及心理素質的淬煉。其實，業務員就小草一般，風強折腰雨驟被澆，走在路上常是滿身的汗臭味，腳下如千斤萬擔的沈重，但心有所向，前有明燈，為希望而奮鬥不懈。

風雨過後的我們又如小草一般，挺直腰站直腳，佇立在街頭，雖有疾風，我已是勁草。

(164) 人都有好奇心！

賣場中的情境應是輕鬆的，加上對話時，我們若能神情自

若，口條順暢，散發的魅力絕對為對方所吸引。

但如能讓劇情高潮迭起，賣場中的懸疑感若能塑造出來，這場 Show 的可看性就愈高。也就是說，我們必須激發對方的好奇心。尤其是在商品說明的過程中，為了能創造購買慾望而採取的高、低價差的佈局，無非就是進一步的將購買的意願提高，但作法卻是好奇心的運用：

「林小姐，我問妳一個小小的問題，我是說假如妳不買，妳會不會覺得這張 DM 上的數字還不錯？」

「是還不錯！」

「前幾家店有位陳小姐，我剛開始說明時，她看起來很有興趣，也一直點頭示好，但就在我快說完時，她臉色大變，猛搖頭，用手制止我再說下去了！妳會不會覺得很奇怪？」

「是有點不解！」

「她說：『葛先先，你不要再說了，我不會跟你買的，這DM 上面雖只存六年，但每月要 15,000 元，我那有這麼多的餘錢，你不要再說了！』，原來是她看到預算嚇了一跳，林小姐我相信妳一定也覺得預算太高了？」

「沒錯，我們是上班族，那有這麼多錢！」

「其實妳誤會了，這張 DM 只是範例，要儲錢小額即可，我們每月 3,000 元就能實踐一個夢想，一樣能存少少，領多多；存短短，領久久。」

「哦！每月 3,000 元倒是可行，壓力並不大。」

(165)《忠孝東路走九遍》

掃街如能忠孝東路走九遍，相信拜訪的成績應該不錯，就算當初不熟悉的街道巷弄，九遍下來絕對如數家珍，如走在自家花園，店很熟，人也很熟。店訪本一回生兩回熟，同一商圈每回重新再來，總是多一份親切，地形地物地貌雖都同，但感受卻又像回家般的心曠神怡，當然拜訪的緊張指數下降不少。

掃街又如讀三國，第一遍時人物紛至沓來，許多時候分不清楚誰是誰，戰爭的場景、地名、人物總覺錯綜複雜，常常對不上頭，一本三國要三個月才能有耐心看完；但第二遍開始，較能去蕪存菁，找到文章的重點，而情節的細緻處領會深些；再看第三遍時，就能體會那時期人物的個性表現，在融入大時代時的雄才大略，抑或處處投機，寧可天下人負我的行徑。所以在巨著的內容深處，充分流露作者對忠、孝、義、禮的追求與堅持，而書的文化及歷史價值值得為後代億萬人歌頌。

掃街三階段：「生」～「熟」～「巧」。「巧」就是漸入佳境的階段，而要能領會DS巧妙之美，除心法及技法的精進外，多走幾遍好處甚多。

(166) DS 半機器人

機器人的發展一日千里，未來許多產業可能會由機器人取代，包含高薪的醫師及會計師都名列其中，所幸保險產業尚未列入。

其實在掃街拜訪時，我倒希望把自己當作半個機器人，每次充電三小時即可，設定好路線，拜訪的家數，再輸入選擇店的方法及簡單的應對程式，就能毫無懼怕瀟灑走一回，沒負擔也不用理會對方的態度，所以絕不會影響自己的心情，而且絕對百分之百完成任務，絕不會半途而廢。雖有如此好處，卻無法成交一張保單，因為機器人雖能完全控制自己的情緒，無動於衷於對方的行為，但卻無法掌握對方的情感，有效地與對方進行心靈的交流。而業務員首重能彼此交流溝通，探尋及了解對方需求，提高購買意願，而這一部份機器人的人工智慧尚無法辦到。

所以說，陌生拜訪時因其業務性質的特殊，夥伴們在行動上有如機器人的義無反顧，又要有過人的情商及反應能力，若能如此，掃街即逛街也！

(167) 業務軟實力

保險除本業的服務領域外,本業外的資源亦是我們的銷售利器,舉凡生活中食衣住行育樂的各項資源提供及訊息交換,都對業務都有潛移默化的效果。譬如,因掃街的關係,各種商家客戶不少,如保險客戶有不同的商品需求,翻開名片本馬上能提供訊息,使其互蒙其利,各取所需,皆大歡喜!

(168) 掃街的木牛流馬

三國孔明造木牛流馬運糧草,行走於難行之川蜀漢中之地,能省其大量人馬力氣,且亦用木牛流馬之機關設計,詐司馬懿之兵誤入陷阱,魏軍錙重糧草損失無數。所以說,就算在冷兵器時代,出奇不意的武器亦是戰爭致勝的關鍵。

掃街時,我們亦有新武器能打遍大街小巷,而準備好的公司商品就是手中的王牌,但公司的商品,大家都能銷售,有何奇特之處?其實商品雖相同,但每人表達及說明的方式卻是千變萬化,自成專屬的系統。也就是說,如能深入研究市場利基,轉化成銷售話術,再透過自己的口語方式表達之,自有其銷售的吸引力,就如同木牛流馬般能無往不利。

(169) 用智慧跑 DS

DS 面對的都是陌生人,要能最快與陌生人打成一片,我們必須了解只要是「人」普遍會有的行為與特質,而非只是因純個人的看法而局限在小的範疇中,畢竟趨於大數才能處處是商機,所以每個人雖是不同,但人性中的普世價值卻是恆常不變,而就交易買賣的領域,亦有業務員可擴大加以運用的共同點,譬如人性中喜受讚美肯定的話語,雖每個人接受程度有高有低,但大部份的人在心底卻是默默地接受。

此外,人有從眾的心態,會人芸亦芸,就可能人做跟著做,

人買跟著買,購買的氣氛一出來,就有團購的可能。而人性有亦有貪小便宜的人格特質,我們買賣不需要退佣,但見面時多瓶飲料或是其他小贈品,相信訴求上更是無往不利。

(170) 好熱好熱的天、好 high 好 high 的心

天很熱,外頭到三十七、八度了,體感可能也過四十度,許多夥伴會有點懶洋洋的身體狀態,尤其是午後時分,彷彿進入半休眠狀態,就差一張床在身邊。

其實只要我們在疲憊時能舒展筋骨一下,精神就會好很多,如願多花一點時間做個體操,幫自己身體拉拉筋通通脈,再多幾次的深呼吸,讓筋脈通暢,血夜中含氧量夠,自然精神抖擻,尤其是在夏季,心肺較易舒張,循環效果會因此強化。如是掃街的夥伴,先流點小汗後保證三小時馬不停蹄話不停歇。

(171) 對話有技巧

我們可從對方談話的訊息中,聞出對某些議題的看法,進而得知對方的喜惡狀況,譬如對方一直談及自己的家庭狀況,無論是配偶還是子女,總是喜形於色欲罷不能,此時我們如能錦上添花一番,彼此感情就拉近了。

如我們探知對方的基本資料後,在眾多的訊息中應有適當的篩選,譬如對方單身,我們如一味地聊家庭、子女,相信共鳴就不會多。反倒提及運動、休閒或旅遊,對方配合的意願就會強化。

而話題本身有強化溝通的效果,亦是賣場中的潤滑劑,也是加溫情感的方法,但適時必須切回業務主題,譬如是談子女,就應要帶到教育或創業基金的安排;如是旅遊就可說明存錢可環遊世界;如是提到長輩照顧,就能帶到長期照顧商品;如提到中年失業,就應趁如今賺錢時未雨綢繆一番。林林總總,都能三句不離本行,這是在成為客戶前應展示出的積極度,當然

成為客戶後，再三百句不離本行即可。

(172) 有人不見得有生意

前兩天在西門町實作，因暑假人潮比往常多，但店家反應生意不如去年。但也因如此，反倒在鬧區中能找到更多有空檔的商店，畢竟每家店平均有客人的時間不會超過工作時間的50%，雖是人潮不少，可能逛街的人多，消費的人少。所以，夥伴在選擇商圈時，許多屬鬧區的商圈，因較年輕化，對陌生人的接受度較高，而潛藏的商機就不少。

(173) 掃街二十家、一家一記錄

寫下新記錄是店訪時能提供動能的一種做法，也是苦中作樂能堅持到底的有效方法，試想每家店都可能有新記錄的誕生，不亦樂乎！

1. 拜訪的家數	2.A 級準客戶的人數	3.B 級準客戶的人數	4. 走的步數
5. 拜訪的時間	6 增加不同的店種數	7. 拜訪頻率	8. 已拜訪的商圈數
9. 走過街道數	10. 成交家數	11. 緣故化準客戶數	12. 成交人數或件
13. 產險成交率	14. 使用的名片數	15. 打的建議書數	16. 蒐集店家名片數
17. 複訪的家數	18. 複訪的次數	19. 陌增的家數	20. 陌增準增員名單數

(174) 講話能知情緒

在賣場中商家的回話是重要的訊息，因為只要是話，就會帶有或多或少的情緒，雖然話的內容不見得是實情，但說話所帶動出的神情或肢體動作，可多多少少反映出當下的心境，或喜或悲如能即時觀察出，也就可強化情感的運用，在情感的高處錦上添花；在情感低處雪中送炭，適時放大情感幅度，以同

理心博得對方的信任感，三年的交情亦可在三十分鐘內達成。

(175) 業務通路的戰略改變

2017年初至今，可能是經濟景氣的影響，也可能是更多競爭因素的增加，許多保險夥伴在業務的經營上必須更加把勁才能迎頭趕上。

而在上半年的教學中，亦發覺參與課程的成員有些變化，除有一定比例年輕夥伴上課外，亦增加不少年資不淺的中高階幹部與課。我相信這一定程度在反應市場通路的實際變化，且是運用多元通路必要的調整策略，好在市場競爭中立於不敗之地。我始終認為業務有效名單的多寡是重要的，無論是緣故、轉介、隨緣還是陌生市場，只要有源源不絕的名單，才有穩定的業績量能，而以現今及未來的市場情況而言，如只是建立單一通路，已無法面對接下來的市場挑戰，雙軌或多軌的開發才能穿山越嶺無所不通。

(176) 會腳勤也會矯情

掃街一步一腳印，需要我們健步如飛，外在雖有環境的洗禮，但我們依然故我，執意撩下去。但在賣場中遇見陌生人時，我們的腳已經功成身退，我們的口卻是你方唱罷我登場，而我們的口中究竟要賣弄什麼才能讓對方傾心也傾聽？唯一而且立刻有效的就是我們能舌燦蓮花口吐蕙蘭，好話在釋放香氣，燻得對方通體舒暢，雖我有矯情，但對方絕對全盤接收，此時再加入些業務訴求，對方聽起來都覺得悅耳動聽。

(177) DS 的學習效益

陌生市場有其困難度，許多新人在運作初期，總是手忙腳亂詞不達意，許多店拜訪出來後總有些懊惱，後悔自己在現場忘東忘西不知所云，出門後急著在外頭翻資料看。

其實有這些狀況是正常的，但如能進一步針對每家店的拜訪狀況檢視反省一番，順道用筆記錄處理的心得，學習的效果會更好。所以掃街不僅是銷售之旅，更是學習之旅，只有透過市場的學習，才能心領神會精益求精。

(178) 再看成交率

掃街前三個月的成交率是 1/100，許多夥伴認為太低了！畢竟要接受 99 次的挫折，但我們的成交率必非一陳不變，而是會隨著技巧的提昇及經驗累積而向上飆高，依實際的狀況，六個月左右會到 1/80，而約一年後會到 1/60，也就是說，幾乎在一年後成交率會成長近一倍，而大數法則後的每家獲益可達 175 元。

如果下午三小時拜訪二十家店，一個月只跑十天，就應有 35,000 元的進帳 (175 元 x 20 家 x 10 天 =35,000 元)，而此一金額除能應付業務考核標準，也算是掃街有效益的回饋，而店訪算是進入良性的循環。但有部份夥伴會再問：「如何進一步達到 1/40 的成交率？」依自己的經驗，從 1/60 到 1/40 會有一撞牆期，要 3～5 年的蘊釀時間，而之後就是掃街品嚐甜果的收成期。但無論如何，如果夥伴能在第一年達 1/60 的目標值，往後的開發自然能更上一層樓。

(179) DS 敬而無失，與人恭而有禮，四海之內皆客戶也！

店訪時在應對進退之間如能得宜，留有好的第一印象，形象的定位就會提升。所以在賣場內基本對商家的尊重是要有的，譬如：

1. 賣場中有客人，不適合登門拜訪。
2. 公事包勿放置在櫃檯上。
3. 口中勿嚼口香糖。
4. 男女之間應有的適當距離。
5. 手勢勿過大，尤其切忌在臉部及胸前的動作。

6. 無論店家的態度如何，不動氣，以和為貴。

(180)「反推銷」這檔事

「反推銷」是夥伴常遇到的狀況，往往對方的訴求沒處理好，客場無法變主場，最終敗興而出。

其實，只要對方此話一出口，四兩撥千金即可，我們可說：「不好意思！妳的同型商品上週才在我商家客戶那兒買了，不過看起來，妳們的樣式多品質佳，下回要買一定光臨，而且辦公室同事多，回去一定幫妳宣傳一番，不過今天的拜訪，只耽誤三分鐘……」

(181) 暢快淋漓

夏日掃街是一件苦差事，穿街過巷，無論走到那裏，汗流到那裏，一個下午三小時，除襯衫全溼透外，領帶也幾乎溼了一半，這也算是拜訪的另類成就感。然而拜訪完只要換件乾衣服，感冒就不會上身，而且一天的運動量也夠了，最起碼消化兩百大卡的熱量。這可夏日時光才有的享受，可說是一舉數得。盛夏中拜訪，出門有項五裝備不可少：

1. 一瓶水防脫水
2. 一折傘防雨澆
3. 一雙襪防鞋溼
4. 一手巾忙汗擦
5. 一薄衣好換穿

雖然有點重，但並不會太佔空間。出門在外拜訪，要隨時隨地保護身體，一場熱感冒，三個工作天就沒了，也代表三天會沒收入。因為身體健康就是業務員的本錢。

(182) 嘩啦啦！下雨了

雨天掃街除身上多帶傘算不便之外，其實好處不少。除遇

到阻礙較少之外，站在對方的立場來看，許多商家會認為你很認真工作的，如果此時外頭大雨不斷，還會希望先不要離開，等雨小一點再走。

　　早先在師大夜市拜訪就遇一位門市小姐很能體會拜訪的辛苦，外頭大雨滂沱，門市直說可在店內休息等雨小再離開。當然，門市這麼一說只能客隨主令，然而就在這避雨的空檔，我有時間，她也沒生意，彼此倒聊得還不錯，甚且咖啡一壺都出籠了，當下情境卻像是下午茶時間，記得那時賣的是終身增值的養老險，市場性很強，這位小姐可是我第二次見面就成交的客戶，也是那時開發師大夜市的第一位客戶。如今回想，鄭怡唱《小雨來的正是時候》，我是「大雨下的正是時候」。如不想淋雨，以下幾處是下雨天適合拜訪的地區：

　　1.大賣場，如大潤發、家樂福……等
　　2.3C賣場
　　3.地下街
　　4.名店街
　　5.有騎樓的長排商店

(183) 逆天而行
　　掃街的確靠天吃飯，但我們與其他行業卻相反，天氣愈是不佳，愈有商機，只因：
　　1.消費者不出門逛街，能在賣場中停留的時間較長。
　　2.有些業務員也會不出門拜訪，只要一勤天下無難事。
　　3.商家也會特別體恤我們，一杯熱茶，勝過千言萬語。
　　所以說，掃街就是逆天(天氣)而行，順道(街道)而為之！

(184) 忽冷忽熱怎麼辦？
　　台北這星期的天氣一天冷一天熱，短袖長袖按天換著穿，厚被薄被每晚換著蓋，入春季節交替頻率快的驚人，許多人身

體不適嚴重感冒。

其實業務也有週期性,而且每個人都不同,淡、旺季在一年中的比重也不一樣,如何能四季如春,考驗著每一位業務夥伴的穩定性。而我認為要避免業務忽冷忽熱的狀況,其實跟著公司的競賽時程就不錯,團隊中有衝業績的氛圍,助力及資源都不少,何況達成競賽還有出國的獎勵,荷包滿滿之際,身心又能充分的放鬆,何樂不為!

(185) 龜兔賽跑之店訪

既是賽跑,必有終點。如是烏龜與兔子比賽掃街,我相信兔子必是贏家,不僅是兔子的腳程快,而且可奪得先機,因為同一時段掃街其實很在意先來後到,先來者對商家是新鮮的,而後到者卻苦嘗前者留下的苦果。就算兔子半路休息,但烏龜的成功率最高只有50%。所以,如當天掃街,中午沒有其他事務,我會早些時間出門拜訪,吃個午餐就進行拜訪了,總是希望能捷足先登。

(186) 話題中的商機

1. 穿着:衣服對許多人而言,永遠都有少一件的困擾。保險亦然,隨着身價的不同,永遠可多那麼一張,配合自身及家庭的需要。

2. 打扮:佛要金妝,人要衣妝,愛美是人的天性,保險亦能滿足人喜歡悅己的功能,因為保險的帳戶愈多,代表錢愈多,人就會高興,當然看起就年輕漂亮不少。

3. 興趣:打球、集郵、看電影或者其興趣都有益身心健康,其實保險也可是興趣之一,因為它是有價證券,是可以鎖在保險箱中的投資樂趣。

4. 家庭的狀況:家家有本經,人事皆不同;家家有本保險,感情更相融。

5. 生意的好壞：保險的好處之一就是快速資金的調度，讓你在商場上絕不遺漏任何商機而抱憾終生。

(187) 用記錄掃街樂趣多

掃街可作記錄的事不勝枚舉，而且可以很有成就感，舉凡拜訪的家數、停留的時間、走的步數……等，都可在過程中增添趣味，每回拜訪回辦公室，就馬不停蹄將資料記錄在表格中，有一種摸彩券的喜悅感，也是打完三小時的仗後最輕鬆的時刻。如果是有團隊的夥伴一起跑，這可大車拼的好時機，彼此較量一下，輸的請喝飲料，皆大歡喜！

(188) 視若無睹

因本身近視度數的關係，摘下眼鏡之後，眼前一公尺以後的人事物都會朦朧一片。早期掃街時，為強化抗壓能力，有一段時間我都未帶眼鏡拜訪，商家的眼神就不會太清晰，無論對方擺什麼距人千里的面孔與神情，我都能視而模糊之，當作沒看見，如此一來，心情就會篤定許多，在應答上順暢不少，但出店家大門後又必須戴眼鏡，要不然下一家店內的狀況會不清楚。後來習慣了對方的態度，也就常態性戴回眼鏡，直接面對商家，也有利於觀察對方的神情。

(189) 想想值得

陌生市場的成交率很難與其他業務通路相比，且過程中挫折感很高，雖是如此，還是有許多夥伴樂在其中，原因很多，依過去課程中與夥伴的互動，不外下列幾項：

1. 外地來城市打拼的年輕人。
2. 家族親人已在保險業多年。
3. 樂於接受挑戰的夥伴。
4. 名單嚴重不足的夥伴。

5. 重視訓練，培養自我人力。

(190) 停、止、完、結、終、了

1. 停～代表暫停，須轉換話題。
2. 止～代表階段結束，應進行下一步驟。
3. 完～代表步驟結束，可判斷準客戶等級。
4. 結～代表結果，檢示拜訪的成效。
5. 終～代表初、複訪的流程已經完成。
6. 了～代表拜訪的得失是否了然於胸。

(191) 人行道

掃街拜訪無論穿梭大街還是小巷，要不看著過往的行人，要不佇立低頭沈思，人行道上總是緩衝心情的必經之地。無論當下拜訪的的效果如何？走出大門在人行道上深深吸一口氣，特有通體舒暢的感覺，如果商家已簽約成交，更是步伐輕盈，三步併兩步的向前行，哼上一首歌，那是掃街最大的樂趣。如遇態度不佳距人千里的商家，人行道是最快的心情轉換區，只要走幾步路，換心情可比翻書還快，下一家店就是希望的所在。

(192) DS 的黃金週

氣象局預測未來 7～8 天全台各地有豪大雨，希望老百姓有防災準備。雖然因豪雨引發災情是我們不樂見，也應小心防患。但在店訪作業時，卻是理想的拜訪天，因為逛街的人少了，會出門拜訪的業務員也不多，此時的拜訪會順暢許多，較能暢所欲言盡情發揮。但夥伴拜訪時還是注意自身防雨措施，一切以安全為首要考量。

(193) DS94 狂

狂在義無反顧，勇往直前；

狂在捨我其誰，誰與爭峰；

狂在大道直行，大步向前；

狂在破門而入，氣勢如虹；

狂在雖有阻礙，過關斬將；

狂在瀟灑進出，不改其色；

狂在豪情萬丈，直衝雲霄；

狂在視若無人，勢如破竹。

(194) 都付笑談中

賣場中要能讓自己輕鬆最好的方式，就是對方展露笑容，一笑能解僵硬的氣氛，也有助自己的思緒的開展，而許多抗拒拜訪的反制說法，都在笑聲中化為無形。

所以，博君一笑是店訪的技巧，此技巧並非說說笑話，也非小丑式的表現方式，而是透過對話中的互動去製造氛圍，套入些自娛娛人的幽默感，溢美之詞的穿插，自然進入順遂的聊天狀態，此時業務訴求就能適時的帶出。

(195) 寄情於工作

生活中並非一帆風順，所處的環境也非十全十美，過程中總是大小問題不斷，而解決之道也非操之在我，無奈中多了一份愁悵，無辜中少了些喜悅。但日子總不能漫不經心的過下去，對我而言，回到工作崗位是一切現況改變的開始，再煩再惱人的狀況發生，提起公事包出門拜訪是唯一的藥方，在汗水淋漓後的釋放中，心境有了一些調整，拜訪中的挫折感會讓心境更沈穩，而商家的肯定更如雪中送炭般的溫暖。

凡事回到工作，生活的難處自有事業的發展能消化。

(196) DS 就如喝黑咖啡

黑咖啡有苦、有酸、有甜，因不同產地及烘焙過程而呈現

不同風味,如不帶糖及牛奶,入口會苦,但入喉後卻能品味咖啡真正的香氣。

店訪作業階段亦是如此的安排。初期的單兵作戰,如臨大敵,混身不對勁,面對店家心中有說不出的恐懼,就算硬著頭皮衝進門,相信心臟還是噗嗤噗嗤地跳,腦海中始終徘徊立刻向後轉的念頭,此時有如黑咖啡的苦。但如能習慣此一味道,苦中帶甘香的深層氣味就能感受,且深深吸引著自己,探索咖啡最原始的魅力。

回憶過往帶 DS 班的歲月,運作期間可是千斤萬擔,而夥伴在跑的過程中總是烏雲罩頂,上氣不接下氣,身心總是在繃緊高壓的狀態之下透支,經過三個月的特戰洗禮,就像新兵訓練後的脫胎換骨,在業務領域自有一番新的領會,點滴在心頭,但夥伴相處時的話題,DS 的總總故事最讓人無法忘懷津津樂道。

所以,店訪初期是心理素質的訓練,心法無礙後的技法就能漸次開展,而技法的大鳴大放,就是掃街「玩」的階段,不同的情境揣摩不同的技法,經驗多了,自成一格,拜訪就如黑咖啡的味道般雋永值得回味。

(197) 青山依舊在

20 歲掃街,英雄出少年

30 歲掃街,火力可全開

40 歲掃街,魅力無法擋

50 歲掃街,氣勢不一樣

60 歲掃街,店家視為寶

掃街遊都會看紅塵,心如青山似綠水,永遠的花樣年華!

(198) 再談賣場中的「節奏」

可快可慢、可長可短、可遠可近、可急可緩、可前可後,一切以掌握主場為原則,絕不大權旁落隨對方起舞,如此一來,

要停要走、要收要放、要進要退、要左要右、要強要弱、要伸要縮一切操之在我。

(199) 好一個穿街過巷，侵門踏戶！

店訪的好處很多，也就是說，除成交外，尚有許多邊際效益，譬如在時間管理上就有補強的效果。每週箱型時間的安排，並非完全能滿檔，而既定的約會也可能突然取消或調整，我們有計劃，但環境始終有變化，唯一能讓業務效朝階段目標挺進的方式，就是主動的出擊，補業務量能之不足。

(200) 單手萬能

掃街通常我是左手提公事包，而只靠右手遞名片或說明商品DM，因公事包一直在左手中，右手的運用需要特別的靈活，包括引導商品說明、拿店卡或名片、手勢所帶動的肢體語言、要保資料的謄寫...等皆能一手搞定。所以，雙腳能走但單手卻能指揮若定，一手定江山。

(201) 以快取勝（一）

掃街的業務訴求為什麼我強調以「快」為原則，而非循序漸進的鋪陳，主要是關乎兩個因素，一為需求、一為人格特質，需求在於心理對保險的渴望度，以「高低」來表現；而人的個性表現在購買行為時，卻是決定時間的快慢。我們以以下的搭配來說明面對陌生人的因應之道：

1. 需求高、個性急
2. 需求高、個性慢
3. 需求低、個性急
4. 需求低、個性慢

面對四種陌生人會有在成交時間產生不同的狀況：

第一種是陌生市場最質優的人選，成交速度快。

　　第二種是陌生市場中常被忽略的一輩人，已有潛在需要，只要我們能打破彼此的藩籬，展現誠意建立信心，是能拉短考慮時間的不錯客羣。

　　第三種雖需求不強，但因人格的因素，容易激發購買需求，加上我們在賣場中的 Show，下決定時往往出人意表，是屬於衝動型的購買者。

　　第四種雖在陌生市場有一定比例，但也表示我們不需花太多時間耗在他們身上，掃街效率及時間成本是重要的。

　　以上四種，我們可快速運作的有前三種，值得我們快馬一鞭，動作更積極些。而第四種人就算是在其他通路遇見，也會搞死一票業務員，走為上策。

(202) 以快取勝（二）

　　業務有主觀的見地，也須有客觀的判定，尤其在陌生市場，客觀環境的影響力絕對大於主觀的作法，風吹草動一來，稍有不慎功虧一簣！

　　除上篇所提要考慮陌生的需求及人格特質外，競爭環境的變化也必須小心應對，潛在敵人包括對方保險的服務人員及其他掃街跑店的業務夥伴，這些在背後的藏鏡人，也在與我們爭取業務機會，值得我們小心應付。

　　而最佳的因應之道，莫過以「快」取勝，一可避免節外生枝，又可快刀斬亂麻，以捷足先登之勢擁有先機。這是孫子所提：「先發制人」，這是在絕對沒有商品及價格優勢下的必然決策，也是唯一贏的策略。

(203) 嗅覺

　　對業務而言，嗅覺所指的是人及市場的靈敏度。而店訪的人就是「店家」，店家的反應通常透過口語、動作及神情可判斷之；但 DS 市場的變化，變化因素較多，如競爭的狀況、景氣

如何、生意好壞、商品的口味都需進一步了解，尤其是競爭的狀況，所指的是近日其他 DS 夥伴拜訪的頻率，如近兩日剛有人拜訪過，我會先到鄰近的商圈拜訪，因為拜訪頻率太高，相對拜訪效能就會低些，所以我通常在進門拜訪時，就會常問店家一句話：「我們這裏是否常有業務員來拜訪？」主要就是想知道這商圈目前的競爭狀況。

(204) 出租的店面要留意

報載在台北東區因租金高，加上景氣不佳，許多一線的店面已空置一段時間。其實，只要是店面，且在鬧區中，地點不算太差，一段時間後都會有新的店種會入駐，因為台灣中小企業多，人們喜歡創業，開店就能實踐自己的創業夢。所以夥伴掃街一定要牢記正在出租之店面，之後開新店就會是新的點，很快就能佔有市場，奪得先機！

(205) DS 你牛嗎？

脾氣牛一點，不達目的不罷手；
身體牛一點，耐勞耐操無怨言；
臉皮牛一點，厚度能擋無情箭；
腳步牛一點，深根土壤硬功夫；
體重牛一點，風吹草動穩如山；
勇氣牛一點，初生之犢不畏虎；
承擔牛一點，千斤重擔肩能挑。

(206) 理念打敗雜念

掃街的挫折感不少，許多夥伴拜訪初期常是心理素質的培養不健全，往往無法大步向前，往往人一緊張時，最容易受環境限制或心生雜念而裹足不前，失敗而終。

而我相信能打敗心中小魔鬼的，就是堅定不移的理念，也

就是建立清晰的主軸核心價值，如果主軸的核心價值愈強愈厚，掃街時碰到的小石頭就易踢開。而強化核心價值的方法有許多層面，各取所需各自的信念即可，其中只要能讓我們勇於破門而入的思維，條列下來，也強記背誦下來，相信走在路上的力量一定增加不少。

(207) 隨時可以重來

上星期有位夥伴傳賴給我，說是三年多前市場實作的學員，上完課後在台中開始掃街，但成績始終出不來，經過兩、三個月後就不掃了。但年初考慮停賣後的客源問題，又整裝出發，效果卻還不錯，兩個月已有三位簽單，且發覺自己經過三年的沈澱，應答的成熟度高了不少，心中壓力也沒那麼大，能從容的面對商家，與先前的表現判若兩人，自己很高興這回在 DS 的表現。

其實，掃街的好處之一，就是立馬拎著公事包就能上路拜訪，前置時間不長，但業務立刻會有進展，且隨時可回頭再來，感受不同，成績絕對比上回好。

(208) DS 的邊際效應

1. 充分運用箱型時間
2. 客戶失約後的時間安排
3. 隨時創造需求，拜訪充滿希望。
4. 市場是最佳的學習場所，能強化心理素質。
5. 計劃性的活動，落實大數法則。
6. 競賽期間的補強通路。
7. 業務低潮時的再起之途。
8. 無所事事時的有所作為。

(209) 流汗總比流淚好

天氣轉熱，出門掃街不免滿頭大汗，為免身體脫水，準備一壺水是必要的。此外，毛巾或手帕能拭汗，也是熱天必有的配備，此外多準備一把「折傘」能防突來的西北雨。

　　流汗有時是我們拜訪的武器，試想滿臉是汗進行拜訪，商家一見，話還沒說，心中的拒絕就會打了折，搞不好還會好意的招待一番，叫我們多留下一些時間，冷氣吹夠了再離開。總之，流汗是我們與生俱來的武器。

(210) 掃街不為人知的「跑」

　　1. 身體有恙還得跑
　　2. 心情不佳慢慢跑
　　3. 千斤萬斤壓著跑
　　4. 日曬雨淋照樣跑
　　5. 挫折無奈硬著跑
　　6. 無所事事馬上跑
　　7. 有事還得抽空跑

(211) 把掃街變成逛街

　　逛街是種生活閒情，大街上走著總是多一份愉悅，進店逛逛就像尋寶般的滿心期待。但拜訪卻完全不同，角色的變換，當下如臨大敵，閒情逸致早拋在腦後，前方非商場而是戰場，有些男夥伴跟我講：「老師，我寧願當兵下午出操三小時，也比掃街拜訪的意願強！」的確，身份不同功能就不同，但心境卻能隨經驗累積而不同，只要拜訪家數多了，有了自己一套可行的模式，隨著時間的演進及調適，掃街真的如逛街般的心情，邁開大步意氣風發。

(212) 時間的量化

　　在賣場中停留時間的長短，很大程度代表拜訪的進展。較

長時間的停留，代表彼此互動是不錯的，也是我們判定拜訪效果的指標，但依照經驗，最長十五分鐘的停留即可知曉準客戶的等級，如變成聊天式的互動，只是浪費時間，會影響拜訪的效能，也就是當天預計拜訪的家數。

常態的狀況，平均每家店停留的時間約為五分鐘，當然每家店的時間長短不一，一小時內加上走路及休息時間，應有七家左右的拜訪量，而一檔次三小時的拜訪，完成二十家店綽綽有餘。目前手機計時很方便，夥伴可計算每家店拜訪的時間，也可加總二十家店總計花的時間，如果能趨近平均每家店五分鐘或合計一百分鐘，代表拜訪效能是不錯的，加上建立的準客戶能達到四位以上，開花結果已是不遠的事。

(213)「業務訴求」是在探詢對方購買的成熟度

賣場中的對話主軸絕對是與業務有關的訴求，而非全是天馬行空的閒聊，而業務的訴求是安排好的口袋問題，針對對方回應口袋問題的狀況，我們會很清楚對方對保險或商品的接受度，方便我們在接下來互動中節奏感的運用，快慢、急緩、長短及問題的切換更能精準掌控。如此一來，拜訪的效率就張顯出來，能夠節省許多寶貴時間。

(214) 用初心面對街頭

許多夥伴會問我：「葛老師你一進保險業就開始掃街嗎？」其實在進入保險業的頭兩年，我是經營緣故市場，也因一百多位客戶的支持，順利晉升到襄理，但升完襄理，別人是主任症後群，我是襄理症後群，準客戶量嚴重不足，而轉介紹的效果並不理想，情急之下，到鐵路局擺過攤，也花錢買了電話名單，可能是方法有問題，成績有限。而那時轄下已有主管，而他們的問題也在名單不夠，左思右想，發覺商店應可嘗試看看，誤打誤撞之下，帶著夥伴就在街頭橫衝直撞。然而初期的拜訪，

毫無章法可言,講好聽是無師自通,而實際作業是亂槍打鳥,我轄下的主管幾星期下來,力有未逮,先敗陣下來,雖然自己也好不到哪裡,搖搖欲墜全身乏力,但每次拜訪總是有一股潛在力量在背後撐著,在屢戰屢敗的氛圍中,再度驅使自己提氣邁開沈重的步閥,走到黃昏日落。

如今回想起,除了自己有一不服輸的個性外,當時縈繞心頭腦海中是一百多位已成交的客戶,因為他們的信任,我才能按時晉升,開展保險事業,而銷售時強調的售後服務,卻大都還沒開始落實,如果掃街再掃不下去,真不知還有什麼通路可嘗試,而允諾的服務卻只是口中玫瑰嗎?在退無可退的情況下,只能撩落去了。

業務員的心是脆弱的,風吹草動一來,行動力就可能打折,要能長期展現能量,相信回到業務的原點及初衷,才能找回原始的爆發力,而這種力量永遠發光不褪色。

(215) 我在明,敵人在暗的因應之法

掃街潛在敵人不少,除有店中其他店員的阻擾,尚有原保險經紀人及其他掃街夥伴的趁虛而入。所以在對策上除要能見招折招外,有幾個字可運用:

1.「快」～兵貴神速,掃街是短兵相接的對戰,先發制人絕對比後發有優勢,因為策略權在我手中,是直通還轉彎操之在我,敵人只能遠望車尾燈。

2.「秀」～「秀」是展現優勢,提高對方對我們的安全感及評價,這是掃街中屬「質」的跨越,展現的越有味,敵人終不能越雷池一步。

3.「獨」～此處是指單一或獨特而言,讓對方覺得你或商品是無法取代的,而訴求上必須強調個人的服務優勢及商品的差異化。如此能降低替代率,提高獨佔的優勢。

4.「勤」～能擊敗敵人的方式,除自己的火力外,小步快

跑是另一種攻擊的方式，小步就代表勤於見面互動，除突顯自己的形象外，亦能醞釀出當時購買商品的氛圍，突顯主權意識，敵人無法見縫插針。

(216) 人是淡忘的

掃街時常有的狀況是，剛進門時態度不佳，滿口都是拒絕的言語，許多時候真想一走了之，但如能稍堅持一下，透過在賣場中的技法的展現，如發現有情境上的變化，在相談甚歡之餘，先前對方所提出的反對問題，早就拋諸腦後走到九霄雲外，而專注在眼前的一場真人秀，如能再引導於準備好的商品說明，C咖都變成了A咖。

(217) 別太在乎對方的說詞

1.「又是做保險的來拜訪！」
2.「你們進來拉保險不可能成功！」
3.「都是你們業務員進門，我還要不要做生意!?」
4.「拜託！講什麼都可以，就是不要講保險行嗎？」
5.「你什麼都不要說，前面有名片自己拿，不招呼你了！」
6.「你說起話來很嫩，我都是跟經理級的買保單！」

以上這些都可能是夥伴在拜訪時對方所說的不屑之詞，有些夥伴會恕氣上身，調頭就走，但如果當下能淡定一些，穩住氣不用太在乎對方的言語，就當沒聽見，按安排好的步驟走，一定會有絕處逢生的機會。

掃街要不動氣，忍一時之氣，才能氣貫丹田，攻守反轉，穩居上風。

(218) 尊重但不當真

前兩天帶夥伴實作，經過一家皮鞋店，從外頭一看，只有一位小姐在櫃台打電話，看起來有說有笑，我給夥伴使了眼色，

立馬推門進行拜訪，說明來意後，門市一句：「先生，我上頭有監視器，不能接受業務員的拜訪，要不然老闆看到會處罰的。」我雖然說明拜訪的性質，但對方依舊不太理采，而且眼神一直瞄著監視器，有點不知所措的樣子，就在此時，對方的手機又響了，應是朋友打來的，門市反倒在手機中又聊起天了，無視眼前的我們，直到我們出門，門市的電話都沒掛。我心想，門市上班聊天，監視器看得很清楚，不知道老闆會不會處罰她？

掃街時對方抗拒的言語，聽聽就好，尊重而不當真，按步驟進行即可！

(219) 勤於檢視、記錄

掃街時碰到的問題千奇萬怪，有些問題已有清楚的方向，但部份問題卻因人而異，畢竟每個人的思維不同，價值觀也非一致，如何面對問題有更好的回應方式，可真要自己動動腦。我們先將問題寫下來，思索一些合情合理的方案，或是詢求別人的意見，透過自己言語的形式記錄下來，再將這些「問答集」編為小冊，此冊將會是 DS 的百寶箱，面對商家的提問，我們皆能隨手取之，知無不言，言無不盡，成為處理反對問題的高手。

(220) 我也會藍瘦香菇！

DS 的挫折感大，無庸置疑也眾所周知，就算心臟再強，也有強弩之末力不從心之時，走在路上兩眼無神乞憫蒼天，總希望神來一筆天助我也！但往往事與願違，好運不來霉事一籮筐，低頭無語真想宣告今天拜訪的失敗。心中揪結腦中混亂，就在最無助不知所措的當口，不放棄已是最後的防線，堅守堅守再堅守，就在快守不住的剎那，身體的神經系統卻悄然啟動，無形的意志力開始主宰身體，駕御生存的主導權，再度讓身體的細胞活躍起來，血液中充滿了氧氣，它讓一切負面歸零，開始有了新生的活力。在難過卻不絕望的危機中，業務有了新的生

機,體認深層的業務領域。

(221) 店訪的手勢

手有引導的功能,且是肢體動作的最代言者,善用手勢能補強說話的強度,也能更清楚表達意涵。賣場中手勢的運用,雖有個人的習慣,但動作不宜過大,在表達上應能配合話語帶動,敘情或述事能如流水般順暢;如有態勢上的改變,可稍強化動作,如握拳或頓手,但非突如其來的誇張大動作。簡而言之,手勢以自然為要,應配合說話及神情三者合一。

(222) 今日陌生,明日緣故!

兩週前的一場實作,碰見一位門市先生問我:「先生,我都是跟我親人買的保單,你如何說服我有機會跟你買保單?」

「恭禧!跟親人買保單服務一定不錯。但我除了親人有跟我投保外,陌生人像如此店訪建立的客戶也不少,其中有兩種原因,其一是先前親友已經不做保險了,必須再找一位經紀人;另一個原因很特別,對方接受保單的原因就是因為彼此不認識,尤其是高儲蓄性質的商品,對方不想讓資產狀況讓親友知道,增加不必要的困擾,遂另找管道規劃。除了以二兩個原因外,有些商家也是看到業務員勤跑而購買的,不一而足!」

「你這樣講,我就清楚多了!」

「其實就像你店內的消費者,有老主顧,但絕對歡迎新客人,因為新客人多,日後成為老主顧的比例就高。」

「了解!了解!」

(223) DS 的得分策略

棒球有四個壘,打擊手在打擊區最主要的目的就是上壘,無論透過何種方式,安全、四壞皆可,但要能上壘不是那麼容易,平均大概五打次才會有一人上壘,亦 20% 的上壘率。皆下

來就是如何推進二、三壘,最後回本壘得分。

　　店訪我強調一初三複的作業,其道理是相同的。如何能在初訪就能強棒出擊,成為我們的準客戶是至關重要的起點,所以要火力全開,搶先上壘。而接下的「三複」就是二、三到本壘的搶分作業。但到本壘前的作業不跳躍也不退卻,雖然有可能會出局,但也有一定比例會奔回本壘達陣成功。

(224) DS 的兩好三壞球

　　「兩好三壞」是棒球中投手與打者的最後對決,也代表攤牌的時刻到了。對投手而言,有可能一球定江山;對打者而言,也可能是上壘或出局的關鍵,相信彼此都會全神貫注,全力以赴。畢竟投手最起碼投了五球,而打者也聚精會神了五次,而用的時間應也超過了五分鐘,而接下來的結果,除技巧戰術外,彼此的專注及氣勢是決定上壘與三振的主要原因。

　　掃街常會碰到兩好三壞的情境,業務員上場出擊,總要歷經一番考驗,才能擁有最後對決的情勢。但我們是打者,接下來的結果,我們卻有 50% 以上的勝算,因為要不安打,要不保送,被三振封殺只有 1/2 的機率,而投手卻只能投出好球因應。

　　所以,在掃街進行複訪作業時,我們必須堅持到底,愈到後頭,愈要拿出氣力面對,因為對方要不 OK 成交,要不可長期經營,不再聯絡的機會只有 1/2,勝算不低!

(225) DS 的做球與接球

　　「詢問」是在賣場中主要的互動模式,而詢問的「問題」是經過精心包裝的。亦即,我們做好球讓對方接,透過對方的回答內容,在投其所好的加溫過程中,引導及修正話題的方向,對方會在不知覺的情況下,跟著我們腳步走,接下來我們的問題更細,而業務訴求也跟著加強,直到 DM 拿出來說明為止。

　　如對方跳脫戲本,不按牌理出牌,可直接切換「共同話題」

去因應,俟對方神情及態度軟化,再切回主軸。

(226) 門前的邂逅

上個月在東區實作,走進巷弄中,有家店一男一女門市坐在門前,本想跳過不拜訪,因為在店外頭的環境太開放了,不太適合對話。但環顧四週,人潮很少,而對方看似無事都在滑手機,我跟夥伴也就趨前拜訪。接觸時兩位門市的態度都還不錯,但兩人卻坐在大門的兩端,相隔應有三公尺的距離,在互動對話中,我眼睛得一下左望,一下右看,感覺自己一直在搖頭晃腦,當 DM 拿出來說明時,彼此不能相隔太遠,能近距離說明更有感覺,當下我又得左跨五步,講三十秒後又右跨五步,如此來來回回四、五趟才說明完,對方聽得津津有味,我口沫橫飛之際,又覺口乾舌躁,果能左右開攻,但已滿頭大汗。而難能可貴的是,身旁實作夥伴也一直跟著我東晃西搖亦步亦趨,回頭一看,亦是滿頭大汗,但彼此相視而笑!果真DS妙事不少。

(227) DS 的「親情」

鄉親、土親、人更親!的確,人一親什麼事都好溝通,人一親業務的訴求自然水到渠成。但陌生開發,我們與對方只有一面之緣,沒有任何交情,亦無法攀親帶故,如何拉近彼此的距離?我認為還是須在「鄉、土、人」三字琢磨:

「鄉」代表家鄉,聊聊對方的家鄉近況。

「土」代表地方風情或名勝古績、特產及建設。

「人」所指為風俗民情及人文習性。

只有只善用「親」字及共同話題中的「情」,相信陌生人也會變有親情之人。

(228) 好的開始

「起」是拜訪流程的第一步,好的開始是成功的一半,所

以破門後「動作」的重要性大於「口語」的訴求，因為在進入賣場後通常有 2~3 秒走到櫃台的時間，而這短短的幾秒，卻是我們展現形象的機會，有幾個動作要注意：

1. 穿着正式
2. 面帶微笑
3. 神情淡定
4. 腳要快走
5. 拿出名片

(229) 拉近距離

「承」是賣場互動的開始，也是重要加溫情感的步驟。我們透過「詢問」的方式，敲開對話的機制，善用左、右口袋的交錯運用，能將對方的抗拒拉低；適時的肯定、欣賞、讚美是瞬間拉近距離的妙方。但過程中有幾個細節要注意：

1. 隨時觀察對方神情的變化。
2. 對方插話，應讓其說明。
3. 對方的問題，優先處理。
4. 不天馬行空，應適時回到主題。
5. 結尾應帶動說明商品的訴求。

(230) 年紀稍長，抗拒較強

這兩星期的實作，偶會碰到年紀稍長的商家，但對方的距離感很強，戒心也重。我想有幾個原因：

1. 社會化深，對業務員有刻板印象。
2. 年紀長，對未來的期望值較低，對新保單需求降低。
3. 認識基礎弱，信任度不高，擔心成為保單孤兒。
4. 身體狀況恐難承保。
5. 所以，面對陌生市場，20~50 歲是較適合拜訪的年齡層。

(231) DS 的緩衝語句

賣場中的對話是透過詢問的方式，產生對話的機制。看似一來一往，但實際狀況是我們說的多，而對方講得少。而通常對方願意說出口的話，有一部分是拒絕的話語，所以在對話中如能加上一些看似無關緊要的緩衝詞，卻有改變情境的作用，也讓彼此對話緩和些，尤其是進門後的開門話術，譬如說：「小姐，不好意思！看得出我的拜訪有影響妳的工作！」以同理的心態體諒對方的工作，相信接下來的對話會有不錯的進展。

(232) 銷售值得注意的「十話」

1. 軟話 (降低心防)
2. 反話 (想像差異)
3. 套話 (探知需求)
4. 假話 (假設性問題)
5. 美話 (溢美之詞)
6. 順話 (口條要順)
7. 自話 (自娛娛人)
8. 快話 (拒絕很強)
9. 聽話 (傾聽想法)
10. 實話 (商品內容)

(233) 五法並進，銷售銳不可擋

銷售的方法很多，而且各有一家之長，莫衷一是，但只要能找到適合自己的一套，吸收消化再轉換，就可能是自己的獨門絕學，但一般訓練會在技法上多著墨，強調拜訪的步驟、需求分析、促成的技巧或是如何增加準客戶的來源；而心法強調彼此心理層面的互動，如對方情緒的狀況、內在需求的探索、自我心理素質的培養，也都有許多可學習的方法。

但除心法及技法外，一位業務員口語的表達能力卻又是另

外一種必要的訓練,能將銷售意涵不多一字也不少一句恰如其分地說出,是需要訓練的,何況包含語調的高低、關鍵字的強調、神情的搭配、講話的流暢度,都要讓對方感受到語言的魅力,甚且是一種藝術化的表達,有一種想聽我們繼續講下去的氛圍。倘若如此,銷售就能錦上添花,無往不利了!

銷售除「心、技、說」法外,還有看法及聽法。「看」是指觀察,是對焦在對方臉部神情的變化,尤其是眼神的專注狀況,一眼之下,內心的想法將表露無遺。而傾聽是商機,對方說的話,無論是語帶正面,還是負面不斷,都是一些訊息,尊重先不當真,配合對方的神情,揣摩說話的語氣及遣詞用字,接受保單的成熟度將了然於胸,也提供接下來因應策略。

(234) 不要太在乎商家的態度

上星期六到「光華商場」購買光碟片及列印墨水,其中一家店,我算是老主顧了!門市小姐也算是有點熟,但這回的光顧,明顯感覺對方的態度有點冷漠,講起話來也無精打采,不似先前般熱情,而且同樣商品的報價卻比上回貴一些,直到我一再說明前幾次消費的價格後,對方才答應以原價銷售。

人是感情的動物,不同的時空環境,會有不同的心情變化,所以在我們拜訪時,不論初訪還是複訪,對方態度的變化,並不一定是我們拜訪所致,千萬不要影響自己的心情,因而降低了拜訪的能量。

(235) 存一個念頭

DS 的錢不好賺,千辛萬苦後可能才成交一筆 Case,若又是季、月繳件,心中有苦難言,萬一都沒成交,頗有千山獨行,悲愴淒苦之感。要能過熬心志的打擊,走過無情的市場洗禮,一顆堅毅的心能強過摸頭、洗臉、打槍、吐嘈、吃兔的對待,而此一心境如何能強化?其實,我們應在乎腦海中的想法,也就

存一個不變的念頭。

而「市場訓練」就是我個人不變的念頭之一，因為它的免費的訓練，而且無假象超真實，真正反映自己目前的業務能耐，如果表現還不錯，可再精益求精；如果反映不理想，市場機制卻能快速調整自己的腳步，找出可改進的地方，修正訴求或強化自我展現，在累積經驗的過程中，市場正在改變自己，你會發覺你不再是先前你，而是走過高山低谷的你，讓我們在業務領域中變得強大，終能強渡關山，看見美景。

(236) A 級的！

店訪 A 級準客戶的判定，除對方在態度上是熱忱的，互動中有回應外，主要還是在我們說明 DM 時，會不時提出問題，或是求證我們介紹的內容，尤其是數字的部份，甚且會持有相反的看法。而我們輕易感覺出對方的專注，而最後要求送建議書時，立即允諾，如出現此一狀況應是 A 級準客戶無疑。

(237) 店訪的價格策略

通常在商品 DM 上的價格，我希望能拉高一些，尤其是儲蓄性質的商品，畢竟錢透過時間有累積的功能，而 2% 的複利效應亦能產生放大的效應，能在初訪介紹商品時，描繪出一個場景及未來。但金額也不能太大，如果大到一年要存幾十萬甚至上百萬，超過對方心中的想像，DM 上的數字就變得一點意義都沒了。所以，每月 1~2 萬元，一年繳 20 萬元內是 DM 規劃的範圍。

但在現場說明商品收尾的階段，我會強調每月 3,000~5,000 元是一般成交所接受的價位，甚至強調客戶大都是接受如此的金額，目的是希望透過價格的落差，瞬間提高需求，讓存錢變得不再遙不可及。但在後續複訪建議書上的規劃金額，如是 A 級的準客戶，因對方已有較強的購買意願，資金應不是太大的問題，我會以每月 5,000 元為主。而比例高的 B 級準客戶，我會

選擇每月 3,000 元為基礎，探知對方對預算的接受度，也容易將非金錢因素的反對問題帶出來，提供適時的處理方案，達成縮短成交時間的目的。

(238) 推門就算

拜訪家數的計算只要「推門」就算一家店，就算只有三秒鐘，也都是 OK 的。但無論如何，就算當天達不成目標的二十家店，可以以星期的總量來管理初訪的家數或延長當日的拜訪時間，進行補量的作業。

但拜訪並非只是推門而已，推門後儘量能建立彼此的互動，以較快的速度引導到銷售步驟中，每家店能進行到哪個階段雖沒定數，但我都會設法拿出一張 DM，嘗試說明，再看對方的反應決定去留。

(239) DS 的味

1. 苦味～酸中帶甜，先苦後甘！
2. 滋味～千門萬戶，如人飲水！
3. 趣味～與人結緣，樂不可支！
4. 玩味～一場遊戲，輕鬆以對！
5. 品味～高山低谷，峯迴路轉！
6. 走味～雙腿萬能，穿街過巷！
7. 鮮味～相逢相知，新人新緣！

(240) 手勢太多不好

訴求靠口訴，配合臉部的表情變化即可。如能在關鍵時刻加上點手勢幫襯，會有錦上添花的效果。但畢竟口訴才能真正表達意見，所以說的方式及內容才是重點，比手畫腳是無法達成訴求。美國總統川普演說時的手勢就太多了，多到一場演講像是拿指揮棒的指揮家到處揮舞，而且節奏感也不夠，龐大的

身軀卻是用手指指指點點，看來很不協調。而我們在賣場中為
要能在短時間內建立「互通」進而「互信」，表現在說話的技
巧為主，肢體的動作為輔，如此才能相得益彰。

(241) DS 要輸得起

博奕雙方論輸贏，是輸、是贏終有結果，贏了固然高興，
如是一路贏到底，可能有一大部份只是手氣。而扣人心弦的卻
是由輸到贏的精采過程，而另有一可看度更高的戲碼，輸家一
路輸，過程中自己的錢不斷不斷地往外流，眼前的籌碼一點一
滴的在減少，不同個性的輸家卻有著不同的表現：

　　1. 趁早離場，今天手氣不好。

　　2. 臉紅脖子粗，火山快爆發了。

　　3. 一臉鐵青，面無表情。

　　4. 怨聲不斷，說三道四。

　　5. 調整氣息，思索如何停損。

　　6. 眼觀局面，心有所想，伺機而動。

其中5、6的表現可看出很沈得住氣，也應是賭場中的老手，
見過世面。雖是輸局，卻不急不燥地觀察其他賭家的賭性或習
慣，只等來日再戰，氣運一到，全盤通吃。

每次掃街也有運氣，順時多跑幾家；氣背時，絕不鍛羽而歸，
沈着應戰，將目標家數跑玩，雖灰頭土臉，但心志與經驗卻又
進一層，下次再戰，已有勝算。

(242) DS 玩很「大」

　　1. 因為量大人瀟灑

　　2. 因為路大店夠多

　　3. 因為氣大力無窮

　　4. 因為膽大無所懼

　　5. 因為志大多能量

(243)「說故事」是 DS 夥伴的功課

人都喜歡聽故事，尤其面對陌生人，能快速拉近距離的，除了營造賣場中輕鬆的情境外，說故事最能引起共鳴，往往一個動人的故事，雖是一面之緣，卻勝過十年交情。但如何準備故事呢？

1.擬稿背誦。通篇文字不超過六百字，時間不超三分鐘。

2.題目皆與風險議題有關。

3.準備故事不要多，3~5 個即可。至少包含醫療、意外、養老。

4.故事應是真實案例最具說服力。

5.故事內容除敘述外，如能灑些蔥花，再加些香料是最好。

6.語調上能隨內容加入情感，會有畫龍點睛之效。

(244) Best of the Best

陌生市場的經營有困難度，這是不爭的事實，要能披荊斬棘過關斬將，必須付出加倍的努力及不斷地挑戰市場，方能開墾出一塊屬於自己的地盤。所以，只有「好」已經無法取得通路上的優勢，因為許多業務夥伴也在進步中，要能立於不敗之地，唯有「好上更好」才是良策，而「好上更好」就是精益求精，如店訪的作業，我們不只能走能說，還必須能導能演，且有能耐立馬即興展現，看者沈醉其中津津有味，我們渾然忘我自然天成。

所以說，平時要下的苦功不少，但也因如此，我們進打 DS 可攻，退轉緣故可守，一舉兩得。

(245) DS 的「機」

1.「機制」～代表程序及流程，如商家的篩選及拜訪的步驟。

2.「機能」～彰顯運作的效能，如時間效應、成本計算、

成交率、獲利評估。

3.「機緣」～以「結緣」出發,商家態度的好壞皆有「緣」,結緣的思維是 DS 耐久戰的關鍵。

4.「機會」～堅守大數法則,市場是給創造機會的人,商機處處,我們是掃街的有心人。

5.「機動」～代表要能快速適應及調整運作的方式,以配合環境的變化。

6.「機智」～不斷自我要求,強化賣場中的反應,因「熟練」是 DS 的基本功,包括反對問題的處理、商品話術的說明、演練資料的背誦。

(246) DS 的專業

「流暢度」是初訪商家很重要的技巧,也是展現專業感的首要條件。所以,在對話的過程中,口條要便捷,思緒能集中,腦海中有章回,對方的問題早有腹案。如此一來,心能篤定胸有成竹,溝通就能對答如流,而賣場中的秀完美呈現。

(247) 停售後的 DS

前兩天有夥伴問我:「老師,每次停售後的 DS 好做嗎?」

我說:「DS 從以前到現在都沒好做過,而未來也一定不好做。但 20 多年來,保單停售的情況已非一次,市場歷經多次的洗禮,非但沒有萎縮變小,新契約及總保費總是屢創新高,原因為何?我認為,其一、是商品的變革能與時俱進,譬高齡化的養老及看護,保險公司總是洞燭機先一馬當先,打開市場,形成共識。其二、民眾觀念的演變,認為保險已非單一功能,早期降低風險、消化損失已不足詮釋保險的意涵,保險應有更多元化的解釋,譬如金融化後的保險平臺。其三、對未來經濟的預期,許多人對台灣未來長期的經濟成長並不樂觀,相對投資就會趨向保守,而保險可滿足其需求。所以,綜而言之,DS 是

業務通路之一，其他銷售通路有市場，DS 就絕對有市場。」

(248) **你察覺到對方的情緒嗎**？

　　1. 不多言，面帶愁容，不似往常開朗。

　　2. 眼神不專注，若有所思，略有飄忽感。

　　3. 衰聲歎氣，常低頭或抬頭。

　　4. 神采逸逸，講話有力，暢所欲言。

　　5. 對話時較主動，且言語中多正面之詞。

　　以上是與客戶閒談時，我們很容易觀察出的狀況，但這些狀況卻是我們能加以運用的訴求，你可以說：「看得出來，你最近一定有什麼好事，說出來聽聽看，這叫有福共享！」或問：「你不說，我也看得出來，你應該有心事，說說看，心情也會好一點，或許我可以幫些小忙！」

　　以上的問法，就是讓我們透過對方情緒的高低點，以同理心貼近對方的情緒，不論是同悲還是共樂，我們將自己的心與對方的綁在一起，成為情緒共同體，如此的善解人意，打入對方的心坎。如接下來還有時間，要談談保險話題就非難事一椿。

(249) **與客戶的耶誕大餐**！

　　結婚後就很少跟太座吃過耶誕大餐，反倒是每年大都是跟商家客戶渡過，因為他們正在工作，無法享受外頭浪漫的氣氛，客戶見到我來總是特別高興，有說有笑，而且招待特別好，點心、咖啡加水果，備感溫馨。

　　而其中有幾件保單就是在閒聊中談成的，後來我發覺這樣效果不錯，每年端午及中秋兩節，只要有空檔，就會選一、兩位客戶處跑跑，跟客戶來個小小團圓，離開時對方總是會送粽子幾粒、月餅幾個，反倒當下讓我不好意思，但客戶的喜悅在臉上卻一覽無疑。服務替代銷售，服務的時機選擇是其重點之一。

(250) DS 需要熱身！

體力是掃街夥伴的基本要求，不僅是走路耗體力，在賣場中講話也要出力氣，再加上外頭風吹、日曬、雨淋，如果體能的狀況稍差，賣場的反應力就會弱些，所以平日需要培養運動的習慣，其中以能強化心肺及腿力的項目最佳。

講話的能量也跟體力息息相關，如果話講多時，就有上氣不接下氣之感，這並非完全是喉嚨的問題，而是體力不濟的現象。所以說，掃街的夥伴要能時時保持體力的高能量。

(251) 奇襲策略

「攻其無備，出其不意」講的是奇襲的效果。的確，兩軍對峙，雖有戰略、戰術、戰法及戰技，加上戰書的指引，但取勝的關鍵還必須加上檯面下的敵後情報配合，讓對方只猜到表象上我方攻擊策略，但摸不透我們結合情報後的最後戰略佈署及攻擊點。也就是說，大對小的對戰，善盡己方勢優勢即可，但不對等或小對大的戰略，奇襲式的攻擊才能增加勝算。

而店訪就是屬於不對等的狀態，對方有恃無恐以逸待勞，如果硬幹下去，必敗無疑。所以，業務訴求的策略必須打心理戰，以降低心防，不知不覺中解除戒心為上策。也就是說，所有的攻擊方法，都是包裝好的，讓對方不知道我們接下來要出哪招？要說什麼話？我們步步進逼，對方節節敗退。譬如，我在賣場中的對話過程中，當準備拿出 DM 進行說明時，我會帶一段話：「陳小姐，這裏有一張 DM 可以給妳參考，工作之餘，可以去了解一下，如有需要，妳有我的名片，電話可跟我連絡！」這段話就在於先降低心防，再從心境的鬆懈中吹起我方的攻擊號，直接說明商品，另起商品的戰場，如此透過商品的說明回到我們業務的主場優勢，而對方的拒絕已在腦後，腦前想的是商品所呈現的未來及美景。

(252) 掃街的平常心與積極度

心情的穩定，是店訪時要有的修練，以不變的心緒面對萬變的賣場情境，我們才能掌控得宜，操之在我。假如我們心情不夠穩定，賣場中步驟的進行與節奏的掌控都易錯亂，商家易發掘我們訴求的破綻，漏洞一出也一敗到底。所以，拜訪前如有十分鐘的沈思與心情調整是必要的，但當拜訪開始，就要透過行動力使命必達，展現智能與體能的最佳狀態，過關斬將。

(253) 情投才能意合

我曾在市場實作時拜訪一位四十多歲的老闆，剛接觸時有點距離，不斷強調保單已買不少，且不缺保單服務的人，而且講了一句：「先生，我是看你年紀稍長，之前來的業務員時間都不會超十秒鐘！」

「老闆，打擾了！但因工作很主動，且出門走走，有益健康！但我看你是小平頭很有朝氣，且聽你講話嗓們很大，是職業軍人退役的吧！」

「我是當兵的，只是服役時是班長，聲音是喊出來的！」

「是陸軍嗎？幾梯的？」

「在關東橋 1536 的。」

「巧了！我也是在關東橋 1420 的」

「那是我學長了！」

「沒的事，出社會不談這些了。只是淚灑關東橋，八週的訓練每天都想逃兵。」

「我還好，淡水兵較粗勇，後到幹訓班受教育班長訓。」

「幹訓班可不是人過的日子，很挑戰！」

「不過對我出社會幫助很大。對了，下個月我兒子要去成功嶺當兵，有什麼保險可規劃的？」

「當然有，明天我會帶一份資料來您參考。」

「好啊！你在關東橋時就改建完成了嗎？」

「…」
「…」

(254)「抱怨」是轉機

這裡指的不是抱怨他的公司,而是抱怨我們的公司,碰到這種狀況,我們以不變應萬變,勿與之爭論是上策。記住,在賣場一切以和為貴,他的保單先前又不是跟你買的,所以你無須背書,也無須與他爭的面紅耳赤,我們聽他講,也由他罵,我們只要在中間適時回應:「真是是這樣嗎?」「會有這種情形發生?」「我自己倒是沒碰過。」之類塞之詞就可以了。如果開始覺得對方的罵聲稍歇,我們可以加一句:「這位老闆,如果真的造成這麼大的誤會,基於服務客戶的理念,我代他向你說聲抱歉!」我們身為業務員,要能在陌生市場過關斬將,靠的不完全是我們的勇氣,我們的身段要能伸、也能屈,就算心中不痛快,我們都要能站在對方的立場與心情去思考問題,如此我們才能心平氣和地面對問題,對方也不再會強人所難,往往就能化危機為轉機。

所以只要遇到類似的狀況,我們就是讓對方先說完,其實說完了,他的氣也就消了一半,我們雖然有點像出氣包,我們應要慶幸,他願意對我們說出他心裡的話,我相信若有同公司其他的同事來訪,名片一遞,搞不好,他頭一瞥,一句話都不說,不明究理地就得出門了。所以能對我們傾訴,其實就是好事,我自己真的碰過幾位商家,說到最後無言以接,反而一句:「葛先生,我看這行業不好做,勸你早點離開,而且你這樣跑也很辛苦,那你今天的成績怎麼樣?」「還不錯,一路拜訪下來有二、三家店約好明天會再來,我這裡有一張他們認為不錯的DM,你也可以當作參考。」記得,永遠把自己放在謙卑的角落,在賣場我們就能創造出許多的業務空間。

(255) 神

神情，神色，神貌，神韻，神似，神威，神力 … 等形容詞，超越了「人」的描述，也代表另一層次的境界。

對店訪而言，雖強調人定勝天，但在展現的技能上，希望能讓對方感受到與眾不同的威力，有如神助般地吸引對方，如此才能打敗其他的競爭對象，高唱凱歌。

(256) 有 D 有 S

D 指 Direct，中譯為「直接」，在業務單位亦解釋為「直衝」，對掃街而言，D 代表破門而入的動作。而 S 是 Selling，意指「銷售」。

所以，「店訪」意涵應是「破門」及「銷售」。而破門靠心法，銷售是技法，將心法、技法合而為一，為店訪成功的關鍵。

(257) 用「腦」做記錄

用手做記錄是補人腦之不足，如能白紙黑字寫下來，對「事後」的追蹤檢討是必要的作業。但相反地，如能將白紙黑字的敘述內容，投射強記在腦海中，卻也是業務員「事前」的功課，因為有備無患胸有成竹，才能萬無一失；而且記的愈多愈熟，對「事中」的現場展現，絕對有超乎想像的助益，什麼旁敲側擊舉一反三，又如左右逢源滔滔不絕，如長江大河奔流到海。人的潛能亦能在默化中激發，而能量取之不盡用之不竭。

所以說，背誦強記是善用腦力的一部份，也是智慧啟發的一把鑰匙。

(258) 培養 DS 心理素質的五個面向

1. 核心價值的建立
2. 體認實質的好處
3. 創造的邊際效益

4. 高度事業的認同感
5. 關鍵時刻的爆發力

(259) DS 的趕、敢、感

1.「趕」代表緊湊、積極、不懈
2.「敢」代表無懼、勇氣、信心
3.「感」代表溫情、感受、體念

(260) DS 的緩衝語句

賣場中的對話是透過詢問的方式,產生對話的機制。看似一來一往,但實際狀況是我們說的多,而對方講得少,而通常對方願意說出口的話,有一部分是拒絕的話語。所以在對話的過程中如能加上一些看似無關緊要的緩衝詞,卻有改變情境的作用,也讓彼此對話間緩和些,尤其是進門後的開門話術。譬如說:「小姐不好意思!看得出我的拜訪有影響妳的工作?」以同理的心態體諒對方的工作,相信接下來的對話會有不錯的進展。

(261)「拒絕」強度有別

【很強】進門後,口語及動作很明顯都在排斥,經說明來意後,亦無緩和的態度,甚且神情不屑,此種狀況走為上策。

【一般】訴求過程中,言語不多,神情詭異,雖能停留較久,但彼此之間距離感大,嘗試拿出 DM 再測試反應。

【溫和】態度還好,只是一直會強調不需要保險商品的反對問題,此時可透過共同話題進行溝通,待情境回溫,漸次引導到業務訴求。

(262) 競賽的救火車

早期在業務單位,每年的競賽總是戰戰兢兢,嚴陣以待,

深怕無法趕上進度。但2000年初有一回高峯競賽,因先前行政事務太多,且因「陌增班」延後結束,在業務安排上,有點接不上線,雖然有原來的客戶羣可經營,但緩不濟急,在別無他法之下,又立馬回到街頭,努力掃街拜訪,經過四個月較密集的拜訪,居然成交的業績達競賽業績的2/3,超乎想像,也很有成就感。所以,想做就可做,隨時能上手,非DS莫屬。

(263) 北風與太陽

掃街時,有些商家態度好似寒冷的北風,把自己包的緊緊的,言語中戒心很強,動作中都是抗拒,就深怕業務員更強的風,把自己的衣服吹光,形體曝露,無招架之力。如果DS的業務員真的像是寒流狂風般地,咄咄逼人,窮追猛打,不留餘地,商家當然全副武裝,誓死抵抗。

所以,賣場中如能投其所好,先讓對方覺得輕鬆,在互動中啟動加溫的機制,營造愉悅的情境,如太陽般先溫暖對方的心情,當互動還不錯,對方有所回應時,適時增加我們的熱力,不知不覺中投入商品訴求,此時對方只能招架,防範之心全失,就像是褪盡衣裳的人,怎能反擊!

(264) 豪氣

DS不需要霸氣,也不能沒氣,心境上要放開一些,也就是要豪氣十足,開大門走大路,氣蓋街頭,雖千家店吾往矣!豪氣是指:

> 說做就做,沒有二話!
> 做了再說,毫無遲疑!
> 過關斬將,義無反顧!
> 流汗流淚,就當沖涼!
> 寒風苦雨,心有太陽!
> 酷暑難耐,店有冷房!

走到腿酸，有益健康！

(265)「充耳不聞」與「聲聲入耳」

傾聽是一門技巧，尤其是在陌生市場，陌生人的話中往往會帶出蛛絲馬跡令人玩味的背後意涵。

而我在聽對方說話的過程中，首重對方說話的態度，如態度一直很強硬或是話語尖銳，有很強烈且不易改善的距離感，應都是無效的拜訪，走為上策。但如是語帶保留，字裡行間的說法套句廣告詞：「有點黏又不太黏。」聽的技巧就很重要了。

我認為，對方所說的話意應要適當的切割，意涵中是負面的味道，我們充耳不聞左耳進右耳出，就像馬耳東風，當作沒聽到；但如是對方在意的反對問題，我們應掌握機會，要有合情合理的回應，藉機會展現自己，拉高信任度。但如是正面的言詞，那我們一定加以增強說服力，更詳盡的說清楚講明白，且要不斷肯定對方所講的話，以達錦上添花的效果。

(266) 男夥伴的加油站，女夥伴的美容院！

「成交」是業務員最佳的興奮劑，只要有 Case 成交一定是精神百倍，勇往直前。所以，我們要能擴散成交所帶來的效益，尤其是在陌生市場的經營，如能不斷訴求成交的氛圍，對方會有一定比例能受到感染，如此成交的道路上可能會更順遂些。有三種訴求夥伴可參考：

1. 由緣故的成交 Case 分享到陌生市場的互動中。

2. 由產險、強制險、信用卡的成交擴大到壽險的訴求。

3. 由已成交的陌生 Case 連接後續的拜訪作業。

(267) 地下與地上

DS 是基本功的訓練，如同蓋大樓般，先將地下室打樁灌漿固定是整棟大樓建成的關鍵，所以地基能厚實穩健最重要。但

當大樓突出地面後，除應有安全標準外，外觀、造型、風格、設計理念及時代感卻是大樓是否吸引目光的關鍵，也是建築藝術及美學的總成。

陌生開發亦是如此，初學階段絕對是心法及技法的訓練，我們必須按部就班的吸收學習，無論是步驟還是節奏，一定遵循程序，將所學內植在新的模子中，這需要磨合，但一段時間後(通常3~6個月)就能根深蒂固，但DS的學習並未結束，接下再我們必需將自己的特質逐步放入所學的內涵中，相互融合，用更生活化及個別化的方式表達自己，建立專屬的DS作業模式。就如同蓋大樓的地上樓層，蓋得高蓋得美，終能獨樹一幟，獨領風騷。

(268) 眼神後的真意

人常會詞不達意不知所云，但眼睛會說真話，因為眼離腦比較近，反射的時間很短，所以在陌生市場中，觀察對方的眼神，最能清楚對方接受我們的程度。如對方眼珠注視自己或是提供的商品DM，代表後方的大腦開始在思考我們的訊息，也開始在整理我們的言語，最終會透過嘴巴回應我們。但如果接觸對方後，始終眼白的部分比眼黑的面積大，抑或眼皮下垂、兩眼無神，其實代表對方接受我們的程度並不高，就算頻頻點頭，口頭允諾，都將於事無補，不過是容易造成誤判的煙霧彈。所以，面對陌生時，對方的眼神是首要的觀察重點。

(269) 開枝散葉

DS本是無中生有，但成交後卻是「點」的浮現，如果由點到線而面，鋪陳一張網，一定要透過賣場中「緣故化」的作業，也就是把握店鋪的生態及型態，進行聯結，將賣場中其他門市或老闆，有效進行人際面的擴張；如此方能事半功倍，漸入佳境，讓陌生拜訪不再是永遠的苦差事。

(270)「商品」其實是賣場中提高信任的良方

商家對業務員的拜訪，因是初次見面，信任度並不高，我們必須透過自我展現，強化互動營造氣氛，以期快速拉近距離。但並非每家店都能欣賞我們的 Show，許多門市對業務員的拜訪始終是拒人於千里之外，態度永遠是冰冰涼涼，無論我們如何投其所好，對方始終無動於衷，許多夥伴的拜訪因此鎩羽而歸。

碰到如此的狀況，商品有時是救命仙丹，因為對方不信任的是業務員並非是公司，而商品代表公司，上面有各大保險公司的抬頭，對方絕對不陌生，也許就是因商品的出手，讓死馬變成活馬。所以，透過「法人」提高「自然人」的信任度，是掃街可運用的技巧之一。

(271) 知己知彼

知道自己擁有什麼銷售特色，也能抓住自己需改進的的地方，這是知己。但除知己外，知彼更重要，而此處所指的「彼」非完全指對手，市場的變化也是「彼」的一部份。

所以，市場的競爭、潛在的變化、趨勢走向都是我們 DS 作業要能隨時調整之。這就是指要能「抬頭苦幹」，也是「周哈里窗」中所指的機會、威脅中所在乎外在環境的決策模式。

(272) 臉色

有夥伴跟我說：「出門掃街，我最討厭對方擺一付臭臉，好像我生下來就欠他的，尤其是那一付眼神，着實讓人進門後馬上想出門，逃離現場。」我說：「那不只是現場也是市場，市場就是在那不屑的眼神中，發現一絲絲閃動；尋找距人千里眼神裏，淡淡的柔光。也因我們的熱情相待，化對峙的臉色為相迎的態度，拉近了情感距離，也拉近了成交的距離。」

習慣了那種臉色，才知道拜訪已沒有再壞的狀況；無懼了那種臉色，一切就能在淡定中突圍，找回對方對我們的和顏悅

色！

(273) 如何掌控賣場？

我們在自我或團隊的訓練中，要不斷強化 180 秒三分鐘的訓練，就是要求自己在三分鐘內將拜訪流程走完。

【起】是開門話術～ 20 秒

【承】是對話加溫～ 60 秒

【轉】是 DM 說明～ 60 秒

【合】是要求複訪～ 40 秒

其實 DS 的訓練不在於我們能說多少，而重點在乎我們能否在約定時間完成。規範時間最主要的目的，不只是訓練我們能以少變多，也在乎我們是否能化繁為簡，抓捏恰到好處，透過時間能掌控流程每階段的比重，對方雖接受不同訴求，但也感受一體到位的流暢感。當運作熟練後，無形間自我掌握賣場的能力將會大增。

(274) 只會增加

今天上網查了台灣目前批發零售業的家數共計近七十萬家（經濟部中小事業處），比五年前又多四萬家店，加上許多其他的行業是以店舖的方式存在，總計已超過百萬家店，可見在台灣創業的人不少，這就是台灣中小企業打拼的精神。而店訪的作業，也因店舖家數的增加，也更有空間經營。

從以前到現在，以致未來的發展，只要有商圈就有實體的店舖，無論目前網路購物如何發達，但逛街購物已是人民日常生活的一部份，這是網路世界所無法取代。而我們只要能在眾多競逐者中脫穎而出，發揮我們與眾不同的技能，不斷精益求精，就能在店訪中永遠立於不敗之地！

(275) 看待生人如親人

面對商家就像看見親人般地親切，面帶微笑，釋放熱情，讓對方感受我們的溫暖。但親人也有情緒，也會愛理不理，愛搭不搭，何況正在做生意，要是生意清淡，也很難 high 的起來。但我心依舊，無論對方如何對待，我們都欣然接受，因為我們看待如親人非生人，相信由內而生的親和力與親切感就有更多的機會會感染對方，彼此的緣份因此而開啟。

(276) 強化心理素質的好方法 (市場訓練法)

一週計畫拜訪的五十家中，可安排其中三家稍有變化。一家是從沒拜訪過的商店種類，譬如說機車行、家庭式的汽車保養廠，如此是增加我們拜訪的寬度。另外一家是年紀大老闆在當家的店，我們企圖習慣跟老闆對話，這是訓練我們拜訪的深度。第三種是門市人多的店，譬如說連鎖髮廊、直營的手機連鎖店，嘗試讓自己一個打五個。這三種店可以沒業務訴求，只要能溝通對話即可。此外，拜訪的商家中，我們能儘量每家店停留的時間超過三分鐘 (透過手機幫自己計時)，或是一天二十家店的總拜訪時間能超過一百分鐘。

(277) 市場性格

許多年輕的保險夥伴會問我：「老師，我的個性真的適合 DS 嗎？我這麼內向又不善溝通，在賣場中鐵定不輪轉。」我說：「你想太多了，適不適合 DS 與個性無關，因為市場中也有許多同你一樣性格的準客戶，只要透過行動力，就能找到頻率相投的客戶。但千萬不要忘記，透過學習下點苦功，不斷找出自己值得改進的缺點，就能擴大頻率相投的範圍，讓 DS 作業更具效益，當然就會有更多客戶上門。所以，我們業務工作並非徹頭徹尾要改變自己，如能在迎合市場的共識中『改造』自己才是勝出的關鍵，因為改造就是造就有效率的市場性格，調整步伐，與自己的個性相容並存，進而合體為一，成就另一個新生的你。」

(278)「次話題」的運用

葛：「陳小姐，我們店常有業務員來拜訪嗎？」【主話題】

門：「一星期總有一、兩位，其實我們店規定不接受業務員拜訪！」

葛：「真不好意思！因為工作很主動，但我絕對與其他業務員不同，因為我是帶禮物來的業務員！」【次話題】

門：「真的嗎？」

葛：「真的，我的名片就是禮物，薄薄一張，卻能幫你處理及服務家中厚厚的保單，這叫化繁為簡的禮物。第二個禮物是我提供的一張健康期刊，也是薄薄一張，卻能在妳工作閒暇時閱讀，而且可以透過 LINE 定期傳訊給妳，妳說這兩個禮物不錯吧！」

門：「你的禮物都很薄，但你的人卻很厚，跑業務一定很少運動吼？」

葛：「禮輕情意重，紙薄意義厚，妳平常都做什麼運動？」【次問題】

門：「也沒常做，工休日會騎騎腳踏車！」

葛：「那比我好多了。噢，對了！我忘記問妳了，妳的保單是買在我們公司嗎？」【業務話題】

我們嘗試拉回業務的話題，如對方神情已輕鬆，我們就只在業務的話題中訴求即可。

(279) 賣場中需修正的動作

1. 勿站三七步
2. 勿將公事包放櫃臺上
3. 男夥伴勿碰門市小姐手或肩
4. 勿走到櫃台內
5. 手勢動作勿太大

6. 勿戴口罩

7. 雙手指甲要短齊勿美甲

8. 勿彩繪或紋身雙手

(280)「門」是選擇商家拜訪的基本條件

店大都有門，但也有部分的店是無門的，譬如說，飲料專賣店、小吃店、水果行、傳統五金行……等大都沒門，屬開放的空間，在拜訪的過程中，人進人出熙來攘往，對方很難對焦在我們身上，我們所說的話或是肢體的動作，很容易被周遭人事物所破壞，無法進行有效的溝通，當然在業務的訴求上，無法有下一步的進展。所以，門是一道防線，讓外界的聲音及畫面透不進來，也讓彼此對話的聲音能鎖在空氣中，加上我們手足舞蹈一番，「保險」兩字就能孕育而生。

(281) 心花怒放的拜訪

曾有商家對我說：「葛先生，你應是來我店中拜訪年紀最大的業務員，但我覺得很難得，這樣拜訪很吃體力，你受得了嗎？」「習慣了！」「我這家店你多休息一下，有冷氣吹，你看你有什麼商品或 DM，拿出來我可以聽聽看，你等我一下，我倒杯水馬上來！」這樣的際遇不多，但絕對會有，多拜訪幾家機會就高了！

(282) 老調有意義

DS 老調重彈，但又不得不談的重點：

1. 拜訪完一定回辦公室回報或檢討，因為打鐵趁熱，學習效果最好。

2. 拜訪前將演練資料或話術再背一遍，因為能在賣場中旁敲側擊，舉一反三。

3. 拜訪出店後，一定馬上寫下問題或頗有心得的看法，仰

或是語出驚人的美妙之詞,方便以後善於運用,成為 DS 的私房菜。

(283) 皺眉

其實店訪時,商家的態度無奇不有也千奇百怪,雖然大都是距人千里的負面表情或神情,但也非全都不好,其中皺眉頭是常看到的畫面,尤其在遞完名片或 DM 後會出現,且在男性的門市人員最為常見。

但實際經驗中發現,對方皺眉頭並非是拒絕,有些是對我們的拜訪方式不太適應,有些是對商品一知半解,聽不太懂所致。此時如能先跳到共同話題或是將拜訪來意解釋一番或許就會釋懷且開懷;而說明商品如能再詳盡一些或說話再緩和些,對方能瞭然於胸,要成為準客戶並不難。

(284) 賣場中的真真假假

1. 商家說的話八成是假的,所透露的神情倒是真的。

2. 商家的反對問題八成是假的,如能順水推舟適切說明,提高評價倒是真的。

3. 商家說什麼時候會買八成是假的,我們快馬加鞭按計劃走倒是真的。

4. 商家說無法接受我們登門拜訪八成是假的,因為還有他業務員會來拜訪倒是真的。

(285) 掃街的三「秒、分、時、日、週、月」

1.「三秒鐘」是指破門後的形象定位,有一眼定江山的味道。

2.「三分鐘」是處理抗拒拜訪時很好的說法,且能為自己爭取賣場中的時間優勢。

3.「三小時」是每一檔次的拜訪時間,要二十家的拜訪量,

也是拜訪效能量化的時間標準。

4.「三天」是指第一次複訪的天數間隔,代表黃金七十二小時的概念。

5.「三星期」是指準客戶第一次「購買決定」的理想時間點。

6.「三個月」是每一期的店訪規劃階段,內分十二週,應有五百家的拜訪量。

(286) 善用賣場環境,借物使力!

1. 葛:「陳小姐,相信妳店裡陳列的衣飾,只要是暢銷的款式一定會缺貨,而且換季後有沒有貨,真的沒有把握。而我們的方案也是如此,公司能撐到什麼時候我們也不知道,把握當下,就是把握機會,心動不如行動,但相信我,要行動只因為有好商品!」

2. 葛:「陳小姐,妳們髮廊就是讓人改頭換面,舊的、多的、雜的去掉,煥然一新的走出去,感覺完全不一樣的自己!其實,我們的專案就如同像妳一樣棒的設計師,讓自己的財富能分配得宜,風險規劃萬無一失,面面俱到,透過增值效應,讓資產身價日新又新!」

(287) 說明商品的另兩個重點

好的商品說明不只是透過口語的表達,雖然上課我常說,我們必須能將商品出神入化神乎其技的敘述,如同描繪出一個場景勾勒出一個畫面,將對方的專注力投射在未來的願景中,引導出對商品想像的空間,像是花朵綻放時聞到的香氣,通體舒暢。

但只於「口」的運用,還是單薄了一少,如加上「手」及「眼」的協助,會更如魚得水,判斷精準。手勢的運用在於引導對方的神情,能快速對焦在商品的文字上,目的在於驅使對

方的耳及眼的同步啟動，更容易鎖住注意力。加上我們不時觀察對方的神情，如對方目不轉睛，我們加快馬力；但有閃爍不定，我們立馬剎車換檔，切換個輕鬆的主題，先緩和現場的氣氛，回頭再伺機而動。

(288) 每個人都有擋不住的魅力

賣場中能引起對方的「專注」是店訪很重要的基本條件，也是加溫賣場氣氛的必要條件，然而每個人表達的方式卻大不相同，很難說有一定的方向與範疇，透過市場實作觀察的過程中，我發覺許多夥伴在進行拜訪時頗有自己的特色，不論是言語或是動作都能抓住對方的的注意，在短的時間內就能鎖住對方，追隨自己的腳步，最終達成店內拜訪的目標。以下是幾項值得學習的表達方式：

1. 對方說話時，能不時的點頭，表現出高度的認同感。

2. 溝通及對談的過程中，常說一句話：「你跟前面的門市真的不一樣耶！」

3. 遞完名片，介紹自己後總會帶一句：「說真的，你們這家店生意一定不錯，看人就想進門了！」

4. 商品說明時，不時比出「讚」的手勢，強化商品力。

5. 拜訪快結束時總會說：「謝謝給我一些時間拜訪，我也從你這邊學到很多經驗，真的感恩！」

(289) 從「埋頭苦幹」到「苦幹埋頭」

掃街剛開始好辛苦，需要我們不斷「埋頭苦幹」，感受可是點滴心頭！但一段時間後(通常是三十天左右)，環境適應了，習慣養成了，信心增加了，走路開始有風，這時可是「抬頭苦幹」，賣場的一切都慢慢能掌握了。

但接下來卻是掃街最容易出現的撞牆階段，一方面對店訪的好奇心及熱情下降，一方面在複訪時種種挫折無法釋懷，拜

訪的量能開始下降，許多夥伴會在此時無疾而終；此時如能挺直腰桿，堅此百忍，終將雨過天晴，會是一個苦幹卻又開始抬頭闊步的新氣象。

但要能精益求精，在 DS 通路創造自己的風格，找出自己可行的長久之計，卻要我們透過拜訪累積經驗，不斷反省檢討，將自己的行動經驗化為個人的行動智慧，而此時已是開啟 DS 最後的進程～「苦幹埋頭」的藝術領域。但無論階段如何提升，「苦幹」可是要素！

(290)「真巧！」

「巧啊！」是針對開門「請教貴姓？」後，我們接話時的口訣，再加上一句：「一路拜訪下來，你可是第三位某小姐，你最親切了！前面兩位都不理我。」相信一個梗馬上鋪陳出去，賣場中的氣氛會溫暖不少，甚至許多門市都會聽之一笑，而對方當下能輕鬆，就能帶動自己的心境的輕鬆，而我們準備好的訴求，就能傾巢而出，快速擁有主場的優勢。

「巧啊！」有拉近距離的親切感，也有產生對方想聽下去的好奇心，更能帶動接下來話語技巧的起頭作用，不論是「請教貴姓？」一般通則的使用，還是個別姓氏的說法，都有瞬間轉換情境的效果。

(291) DS 長生不死的因素

　　1. 自我規範

　　2. 精確的準客戶判定

　　3. 適當的商店篩選

　　4. 反覆的演練及背誦

　　5. 超強的核心價值

(292) 小步快跑、彎道超車

小步代表穩健，快跑代表速度。對掃街的夥伴而言，穩健是指能持續不輟的拜訪，養成週而復始的拜訪習慣，目的是讓技法能維持一定熟悉度，如此才能轉化升級。而速度是指量能的快速增加，除創造經濟規模外，能進行有效篩選，去蕪存菁，達到量大所帶來質的提昇。

此外，掃街應要注意的細節非常多，如能謹慎地處理所衍生的問題，將問題條列下來且能有標準的回應內容，透過市場再修正之，相信在賣場的反應力就會大增，實現彎道超車的本領。

(293) 定「情」

「情」字的運用是賣場中拉近彼此距離最好的方式。雖然面對陌生人，我們幾乎無情可用，因只有一面之緣，交情、親情、友情、愛情一概全無，又如何談情！

其實「情」廣義的說，除既有的關係程度外，也包括呈現出的情感變化，譬如情緒的好壞、互動中的感受、情境的不同，這些狀況在與陌生人的接觸中，非一直線的，背後有著波浪般的高低起伏，而這些細微的變化，卻是我們運用「情」字的巧門，我常用悲、歡、離、合、酸、甜、苦、辣、喜、怒、哀、樂等字來解釋。賣場中一旦感受這些情緒的發舒，我們若能發揮同喜、同悲、同苦、同樂的同理心，就能很快地進入對方的內心世界，而溝通的共鳴感就出現了，一日的陌生人頓時變成十年的好友。

此外，「情」也可延伸為「同情」，而其中「同」字指的是共同話題，而共同話題是針對陌生人身上容易回應的詢問，譬如穿著、興趣、家庭、生意狀況....等，而對方回應的話中，就能感受心情的變化，我們只要配合演出，良性的互動於焉開展，如此加溫後，再引導回業務話題，抗拒絕對能降低不少。

(294) 競爭環境帶來的共識

掃街應是一個完全競爭的市場,每日的午後,許許多多的夥伴會穿梭在大街小巷,賣力地進行拜訪。而店家也因業務員造訪次數多了,在態度上或許輕慢了些,然而也有部份的商家反倒會問說:「葛先生,你們保險業務員最近常來喲!我這裏就有好幾張 DM,我都看過,商品差不多,你們最近都賣這一類的嗎?」其實,對方只要如此一問,就代表商機來了,如果能在說明商品時加把勁,或許就有雀屏中選的機會。所以說,競爭帶來的好處很多,市場中會有競爭者帶來的購買氛圍,而我們自己也能在本職學能上下深功夫,提升人力資源,方能力戰羣雄,異軍突起。

(295)「特產」的服務效果

DS 的客戶,平時服務時我並不會帶禮物或其他贈品。但如果是通訊單位研習會或軟性活動時,只要是在外縣市,我都請太座買些土產,尤其是食品,因為食品不會太貴,又最能讓客戶吃在口中,甜在心中,尤其是特別從產區帶回來的盛情,頗能創造小東西大效應的感受。

保險的服務應是多元的,並非單指保單上的服務品質,有時候屬人情面的陪暖也是客戶在乎的,見面三分情,加上手上一小禮,就會多加些人情存摺,豐富了人情存摺,必然化成更多的台幣存摺。

(296) 只有成交是真的!

不論掃街的主要功能與邊際效益,都必須與成交掛鈎,要不然一切的行動都失去意義。所以,如何能透陌生市場產生 FYC,才是最終目的。但我們不必太在乎 DS 的成交金額,主要是能先建立一個客戶,就等於在 DS 空白的地圖上有一面旗插上去,如能善用地緣,強化情緣,廣結善緣,終會開枝散葉,地

圖上旌旗羅布,旗海飄飄。

(297) 商品能探知需求 (一)

　　陌生人的保險需求我們不得而知,但肯定每個人皆不同,如何能在最短的時間內摸清,訴求商品是不錯的方式。初訪中說明商品,對方通常會有四種反應,這一篇先談第一種狀況:【不願意聽】

　　這代表當下對保險索然無味,店家可能很親切,但短時間內購買的機會不高。背後原因不一而足,可能因預算、剛購買、服務問題、家庭因素 … 等,對方不見得會說出口,就算互動不錯,但終究無法成為客戶。

　　這部份夥伴要注意,許多夥伴因在賣場中沒有拿DM出來說明,當下為對方親切的態度所掩蓋真正的保險需求,而持續追蹤或長期經營,以為多見幾次面,關係交情更近了,對方就會接受商品,殊不知這只是煙霧彈,在需求不高的情況下,起碼3~6個月內是不會有興趣的,浪費我們不少時間,徒勞往返心力交疲外,一無所獲。

(298) 商品能探知需求 (二)

　　而第二種狀況是：【勉強聽聽】

　　透過眼神的交會及對方的肢體動作,我們會知道彼此的距離。而這類型的商家,對我們尚有抗拒,且對保險的需求度並不高,但因拜訪過程中,我們的展現得到對方的認同,且認為我們言之有物對答如流,遂在拿出DM說明時,對方姑且聽之,願意多給我們三分鐘,夥伴如能掌握這三分鐘,將準備好的話術傾巢而出,像故事般娓娓道來,出神入化神乎其技的描繪勾勒一番,就有機會創造出三十分鐘的互動。這純粹透過我們己身之力在創造需求,而通常這類型商家最後會成交,很大的原因是對方在資金上是充裕的,有能力再添購保單;而另一重要

因素是，對方保單目前無人服務，需認識其他的保險業務員，而我們的拜訪，正可滿足此一需求。

所以，總而言之，只要在賣場中盡情盡力的展現，氣氛就可能有變化，而這一類型的商家，就是會讓我們有絕處逢生否極泰來的一類型，有機會能逆轉勝！

(299) 商品能探知需求（三）

第三種狀況是：【有點想聽】

這是對方對保險已有潛在的需求，但不急於一時，處在可有可無的狀態，意即買不買都沒關係。這類型的商家，要能創造更高的需求，必須配合我們在賣場中的展現，兩相合宜之下，聽商品的意願就會大增，如果商品說得好，也會提昇對方對我們的信任度及安全感，如加上商品是對方目前缺少的或是可累積財富的，我們的機會就來了。

但依實作經驗，有些夥伴在說明商品時，表現的並不如人意，話術如無法引人入勝，如加上語焉不詳、詞不達意，可能的好牌都變成壞牌了。要知道，商品是屬於我們的工具，可事前準備好，更應熟記它，是賣場中幫自己加分的利刃，我們平時就要磨磨光，永保削鐵如泥的殺傷力。

(300) 商品能探知需求（四）

第四種狀況是：【聽出問題】

商品的說明能引起對方興趣，甚且對方會提出商品內容的問題。如有問題，我們必須立馬解釋，回答的內容對方不見得接受，只要合情合理即可。

其實，在賣場中說明商品的最高技巧，不僅是對方有興趣聽，如果說到對方有提出問題才是真功夫。因為有問題代表有想法，有想法乃是聽進我們所說的話後的反應，能聽進我們所說的話，一定程度就是對「人」開始信任的表徵，加上商品的

加分效果，水到渠成。

　　但夥伴要注意一點，對方針對商品的提問，一定據實以報，對方當下能否接受並不重要，也不用擔心數字上的吸引力，畢竟透過商品去建立對「人」的信任才是重點，有「人」的信任，商品才能接力上場。

(301) 連我也嚇一跳

　　前兩天新竹的實作，拜訪一家貢丸禮品店，一進門是位中年男子，說明來意後，對方的抗拒很強，且由神色看得出，他的緊張指數很高，而說話亦是吞吞吐吐，想要透過共同話題去拉近距離亦有困難，無奈之下，就只能將 DM 拿出來，試著最後一擊。此平凡之舉，卻發生神奇之事，對方卻在我說明商品時，眼神專注了，看得出有在思考我所說的內容，當說到每年可領回多少錢時，也頻頻點頭，對方也問了些商品預算的調整，看似頗能接受此一商品，應是標準的準客戶。

　　賣場中千變萬化，有些態度不錯，但只止於態度而已；但有些冰冰涼涼，但軟化卻很快，我們只要照步驟走即可

(302) 人在跑、店在看

　　同樣是新竹的實作，外頭天氣依舊寒風凜冽，外加綿綿細雨，著實是掃街的挑戰，但天氣不理想，背後的商機愈大。

　　有一家生活用品店的老闆娘，看我們一進門，就說：「你們直說吧！今天有什麼訴求？」好一個直接了當，我馬上接口：「老闆娘爽快，我就喜歡這種性格，快人快語，我自己也是這樣的個性，今天不談保險，談養老。」她馬上接著問：「養老等一下，我先問你們有沒有火災及客人受傷的險，因我的店前有階梯，怕客人跌倒，我樓上是燒烤店，有用火，我也很擔心！」「當然有，而且還不貴，一個月就五百元上下，只要店有營利事業登記證即可辦理，我的夥伴整理好馬上送過來。」「好啊！」「此

外，我這有張存錢的 DM 也可了解一下。」「好啊！」

　　其實，我們的努力，店家都看在眼中，外頭有寒流，但店內有暖流。

(303) DS 動心忍性，增益其所不能！

　　掃街對別人能明心見性，對己要動心忍性，方能心性合一，強化抗壓能力。而孟子說「動心忍性」，應是指心有熱忱，有種躍躍欲試的動能，但過程中非率性不顧得失的，是要耐住性子，伺機而為，方能成就大事，也因此淬煉考驗了自我，自身體認更深的生命價值，真正成為天將降大任之人。

(304) 八年五班的驚奇！

　　有日在板橋府中站實作，在一家手機飾品店拜訪一位八年五班的年較店員，雖只有二十二歲，與人互動頗親切不見青澀，言談中自信十足，最令人驚訝的是，他高中畢業就出社會工作，曾一天打四份工，每天只睡兩小時的覺，短短兩、三年下來，已經在新莊買了一棟老舊四坪數不大的公寓，房價五百多萬元，付頭款外，自己現在每月繳兩萬房貸。

　　聽完他的描述，我嚇了一跳，這位年輕店員真夠拼，果是江山代有才人出，長江後浪起大浪，對他拼命的工作態度佩服不已。心想，增員他加入保險事業，依他的拼勁，大概三十歲不到就能換千萬華宅了。

　　八年級生果不容小覷，很高興看見年輕人為生涯拼博的精神，誰說他們禁不起風霜雪雨的洗禮，世代有差，觀點或許不同，但面對只有一回的生命旅程，許許多多的年輕夥伴，早已磨拳擦掌蓄勢待發，正準備演出別人眼中不一樣的生涯，可謂今朝有我，誰與爭峰！

(305) 統計要保守

陌生開發很強調大數法則,透透層層的篩選及技巧的判定,才會留下有效的名單。但確認名單的數據應要更保守些,譬如自我統計成為準客戶的比例為 4.8 取之 1,然而在每階段計劃作業時就應放寬為 5 或 5.2 取 1 會好。因為如此再放到成交率時,數字就不會離譜且有把握,還原為總拜訪量時,數字雖放大些,但結果卻能如計劃中的精準。

但如果成為準客戶的比例與常態比例差太多,也應努力改進朝正常比例 (5 取 1) 挺進,但階段計劃作業時,就以目前的比例去核計,如果此階段拜訪有進步,直到在下一階段時再將比例做適當調整即可。

(306) 抹去眼淚、背上憤怒、與店爭高

掃街遇挫折,不但沒有不好,甚且能激發鬥志,化悲憤為力量。

我曾在石牌路拜訪過一家店,門市小姐一見我名片就說:「拜託!請你們不要再講一些恐嚇別人生病、死亡的話,我不想聽,我也不會受騙,請你馬上離開。」「小姐,我的拜訪如有影響妳的情緒,我說聲抱歉!可能妳對保險有些誤會,依我經驗……」我話還沒講完,對方馬上接口:「我已經說過,你不要再講了!現在你可以離開了。」她馬上驅身走到門口,把大門一開,說了我很難忘記的一句話:「這位先生,請你馬上離開我的視線,也拜託不要再來了!」

我默默離開了店,但心有不平,有氣難嚥,在不知如何發洩的情況下,我腦海中只知道向前衝,先前緊張全沒了,深深吸了一口氣,一間接一間不休息地拜訪,在石牌路一段掃,那天我拜訪近四十多家店,破了我拜訪的當日記錄,而且後來有兩家還成為客戶。

回頭想想,先前的那位門市小姐的態度,卻能激發自己不

服輸的精神，果是忍一時之氣，享成交之樂，樂在打敗市場的洗禮。

(307) 照「問」就對了！

今早晨會分享，有位夥伴問我：「老師你說在賣場中要透過『請教貴姓』舖梗，設法營造輕鬆的情境，但如果對方還是無動於衷一臉木訥，我們該怎麼處理？」

「其實，對方的臉色也是拒絕的方式之一，與口頭拒絕是一樣的，但面對面時，我們要撐得住，能視而不見口中照問，一切按既定的步驟走，以詢問的方式，設法先讓對方說話，如能回應我們，字裡話間就有可聊的訊息，但先導入共同話題是最佳，而情境也就可能因之改變。」

(308) 紙本地圖要準備

雖然地圖在網路搜尋很方便，但我的公事包中一定會有一張台北市及新北市的地圖，而這份地圖的功能已非找路在用，而是記錄已拜訪過的路段及街道，尤其是巷、弄的繪記。一方面幫助複訪的路線規劃，另一方面也避免重複拜訪，因而浪費時間。

而大範圍的商圈規劃，大張的紙本更能總覽全區，方便店訪戰略上佈署及大數據的統計。

(309) DS 的二代情

在業務單位時，轄下有位區經理，她掃街不落人後行動力超強，而且成績很好，幾年的辛苦下來，她每月的薪水(含續繳佣金)都有十萬元以上，而且很穩定，其中客戶羣幾乎都掃街或延伸而來。過年前她傳訊給我說，她大兒子也來做保險，也掃街跑店，她說她帶著她兒子掃街時，心情特別好，因為在家中時兒子會出言頂撞，但走到市場，兒子倒是很聽話，話也不多

了，而且很服這個老媽，她說她們掃街時是她最快樂的時光，也是最有母親尊嚴的時刻，也同時享受母子共同打拼事業的樂趣。

(310) 掃街要可行、有效

「可行」代表已能邁開步伐破門而入，亦代表找到自己的方式進行拜訪。也就是說，要出門掃街心中的障礙已掃除，而所鋪陳的技法亦能推展。但掃街非只着重在行動力，更應定期檢視成效，透過回饋反應「效率」才是最終的目的。所以，「成交」是掃街的終極目標，而行動方案也以成交為依歸，少了成交機制的行動是徒勞無功且白費力氣。

所以，當掃街可行卻效果不彰時，就必須回到源頭，重新開始檢視拜訪流程中是否有環節出問題，尤其是複訪作業的種種環節，在細微處找到癥結，勇於突破而非怯心不前。如此，掃街跑店才有實質的意義。

(311) 掃街的天時

天時所指應是大環境的加持，這力量比地利、人和更優，因為這是全面性的加分，而非單一或局部的優勢。掃街的天時，有很大的因素跟節氣相關，譬如盛夏或寒冬，要付出的心力會更多些，畢竟不適的溫度會影響行動力道，而春、秋兩季卻氣候宜人不少，掃街在環境上是舒適的。眼下已開春，早晚雖有寒意，但午後和煦的春風卻叫人通體舒暢，如果可以，多跑個五家店應不成問題，也為春耕打下基石。

(312) 臉皮擋臉色

掃街面對商家負面的態度，要有「無所謂」的心理準備，一切都不必看得太嚴重，就當是心理素質的訓練，船過水無痕，一切又風平浪靜，反正身上也沒少一塊肉，倒是心臟強了不少，

說一句玩笑話，臉頰肉厚了些，十枝槍也擋得住。

人爭一口氣，非爭一臉色。浩氣能長存，但臉色如變臉，太在乎別人的臉色一點意義也沒有，因為隨時有變化，但因對方的臉色讓自己懈了氣，太得不償失了！

(313) 扮演

掃街時我們面對不同的陌生人，所謂一樣米養百樣人，每個人都是不同的個體，我們無法在很短的時間內透視對方，但又需要拉近彼此的距離，光是以不變應萬變，這不過是在碰運氣，成功的機率並不高，但我們亦非百變金剛，也沒有孫悟空的七十二變，但芸芸眾生中，是否有些人們共同特質可善用，依經驗來說，以下幾點可參考：

1.「讚美」是人性中普遍的需要。

2.「從眾」是人類行為的慣性。

3.「獨有」是內心的渴望。

4.「理解」能深入心坎。

5.「慰藉」能安撫人心。

6.「幽默」能敞開胸懷。

如能善用以上特質，就能贏得更多的認同，加上個別性格的掌握，要博得陌生人的信賴就容易了！

(314) 拜訪如玩娃娃機

近半年來街頭新增許多娃娃機店，大小店面都有，且機種齊全，獎品多元，只差看不到店員，這是掃街最無奈之處。不知如此的市況，是代表經濟環境好還是不好？姑且不論，但店是要掃，該進行的業務工作不能懈怠，只是把要拜訪的店就當作是一台娃娃機，進門就當試身手，如運氣不錯，就有機會成為準客互，如夾到寶貝般興奮。

每天拜訪二十家店，就當抓二十次娃娃機，而且還不花錢，

一樣可以玩的很高興。

(315) 化阻力為助力

　　賣場中的狀況非一塵不變，雖有步驟可套用，有節奏可掌握，但突如其來的問題或情況，實難事事知曉，也無固定的方式去處理，而當下的急智反應卻能化險為夷，應變之後，危機卻可能是轉機。

　　但反應力的強弱非個人的智慧能百分百的處理，畢竟回應的時間太短，要能有備無患，除經驗的累積外，就屬加強「反對問題處理」的訓練，其中有一方式對我的幫助極大，就是針對蒐集來的反對問題，每一題都能提出至少三個回應方案，熟記加背誦，反覆自我測試。

　　此外，在出發拜訪前，我通常會花十分鐘將資料瀏覽一遍，加強當下的記憶，也會在拜訪每家出來後，如有遺漏疏忽之處，在資料上留下記號，方便日後強化。而若有新的因應說法，也會在拜訪空檔時，寫下記錄之。相信如此的做法，反對問題的處理應能迎刃而解，化阻力為助力。

(316) 無情荒地有情天！

　　掃街如在荒地開墾，舉目所望，皆非草原綠野；耳畔所聽，沒有蛙鳴鳥叫，孑然一人，佇立在大地上，但心中篤定，啟動步伐，以懇荒的精神，只以天為伴，灑下種子，流下汗水，只問耕耘不問收穫。

　　夥伴在掃街時，可把一商圈當一塊荒地，拿出開荒的蠻勁，力圖遍地開花，街街有客戶，巷巷有熟人，因覆地才能翻天，因為天有情會疼惜我們！

(317) 笑傲江湖之 DS 基本功

　　笑傲江湖中「華山派」有劍宗、氣宗之分，書中掌門人岳

不羣紫霞神功代表氣宗，而風清揚的獨孤九劍代表劍宗，百年爭鬥不止。

其實，不論劍宗或氣宗對武學者同樣重要，「氣」是底蘊，代表功夫的耐力及續航力。而「劍」代表技巧的展現，是技術的發揮。若兩者合而為一，才能笑傲江湖，稱霸武林。

陌生拜訪也必須要兼顧「氣」與「劍」的運用，「氣」所指為心法，「劍」所指為技法，心法加技法才是 DS 的戰法。心法是自我心理素質的培養，而技法是由生到熟技巧的展現，兩者兼備，才能攻無不克。

(318) DS 的共同價值與個人特質

共同價值是指大多數人接受的觀念或觀點，尤其面對陌生人時，如能用多數人能接受的訴求進行接觸，相信業務就容易有進展，畢竟在彼此都不熟悉的形況下，採「共同價值」是穩健的做法。但後續的互動，個人的部分就要慢慢彰顯出來，也就是說，「人格特質」是接續「共同價值」後，彼此間互動很大的關鍵因素，如能加諸更多的專業訊息，強調服務的品質或是生動的商品說明，成交應會水到渠成。

(319) 多情總被無情惱

業務是多情的工作，因為要與客戶博感情，三不五時要陪暖陪暖，如同家人般的親切互動。但面對陌生人常常無法擁有對等的回饋，我們笑臉可能換來的是僵硬的神情，就算是我們一笑再笑，對方還是面無表情，有種熱臉貼冷屁股的感受，心下感慨萬千，不如歸去！

其實，奇蹟與變化往往就在我們絕望與失望中看到一絲希望，因為對方也在調適與我們互動的模式，由冷到熱總要幾次見面的時間，且在對方掌主控的階段，臉色難免會多些，但大部的陌生人也無法一直用無情的態度面對我們，畢竟彼此不是

仇人，多見一面好歹多一份情，多一份情時就能多放一些專業，當情、理平衡時，信任度大增，成交旦夕可見。

(320) 在蠻荒之境使洪荒之力！

陌生市場對業務員而言有如蠻荒之境，在都市叢林中披荊斬棘殺出血路，在茫茫人海中尋找一絲希望牽成緣份。但在商圈中，看似千門萬戶，卻有點遙不可及，遊走在街頭巷尾，形單影隻又怕孤掌難鳴。

其實，最能改變現況的只有自己，因為只要我們有力有氣，就能排除萬。關老爺單刀赴會因有義氣之力，八十六斤青龍偃月刀一使，萬軍莫敵；張飛手持丈八蛇矛環眼圓睜，斷橋前立馬一吼，氣貫長空，飛砂走石，一人喝退曹軍千眾。

一股力，力拔山兮；

一股氣，氣壯山河。

掃街不難，洪荒之力人皆有之！

(321) 商學領域外的多元吸收

保險事業有保險法的規範，商品亦是法規條款，此外業務員要具備的證照專業中，內容多與商學息息相關，尤其是與行銷學、統計學、會計學、投資學相關，若目前已是中高階主官，其工作範疇亦含管理學的理論在內，雖說涵蓋面已很廣，但面對 DS 的作業，除法、商專業學問外，其實文學的涉獵尤其重要，當然我們勿須大費周章，也不需深度研究，只要平時多讀些中外名著，或是詩詞能背上幾首，在掃街時就有很大的潤滑效果。

要知道，我們所擁有的專業知識，很難第一次見面就能派上用場，就算用了，對方也不見得全然了解，反倒是耳熟能詳的詞句或故事，對方一聽便知，對拉近距離很有幫助，若能再摺出兩句金玉良言，對方的感受頓時不同，而在賣場中第一波的專業塑造就算大功告成。

(322) 環境變化中的增員契機

報載陸客來台人數銳減，許多以陸團為主的的飯店或旅舍將面對衝擊，因住房率已不到五成，其中已有許多旅館開始放無薪假，員工在無奈中靜觀其變。

就我在北市市場實作時的經驗，許多在鬧區的中小型旅舍在過去幾年如雨後春筍陸續開張，尤其是五十間房內的旅舍，專作陸團或自由行，旅舍的大廳不大，櫃台人員也不多，且幾乎都是年輕人在接待。以北市而言，多分佈在鬧區或近夜市的商圈，其中北車的前後站、西門町、捷運信義線上的永康及通化商圈、寧夏夜市附近、東區的忠孝東路上都有許多這些旅舍，如能在掃街時多留意一下，也許在環境變化中，就會浮現增員的契機。

(323)《推手》

《推手》是第一部李安執導的電影，片中有一段以男主角「太極拳」的內家拳為劇情，展現其剛柔並濟，進而順勢讓對方失去重心，以不變而應萬變的情節。其實，我們陌生拜訪時，順勢而為是重要技巧，絕不硬碰硬，我們透過話題引導及轉折，不留痕跡地回到業務的主題，也就說在對方不知覺的意識下，達成最終的目的。所以，見招折招、見機行事、見風轉舵的三「見」策略，是 DS 很重要技法。

對業務員而言，「推手」應解釋為「推銷高手」。

★〔第二篇〕 業務的故事與心得

(1) 一號是始點、原點、起點

今天一早起床，雖沒見曙光，2018 卻已悄然登場，將運動裝穿戴好，到河濱的便道，又開始了中斷三個月的「快走」，雖然速度剛開始並不快，但涼風徐徐，倒也舒服。十五分鐘後，身體發熱，額上略有小汗，立馬提速快行，最終五十分鐘走了6,000 步回家，離 10,000 步的目標有點差距，但總是有個開始，相信再兩、三回後，10,000 步 85 分鐘的目標不難達成。

運動是體現業務員行動力最佳的輔助活動，多運動對掃街的幫助亦大，尤其心肺及腿力的訓練至關重要。一趟三小時的拜訪，走的路不少，能堅持到底，需要意志力，也需要體力的支撐！

(2) 告別「茫」，迎接「光芒」！

不論大夥今年過得如何？但終到歲末之日，如覺得「忙」是好事，忙碌代表積極，事業能延續發展，更上一層樓；如覺得「盲」，也不是大事，新的一年一定會有新思維、新定位、新方向；如覺得「茫」，也不要憂愁，新的一年鐵定曙光乍現，商機無限，處處是生機。

(3) 惟精、惟一的業務

保險業務有寬度，應更多元地接觸新訊息，銷售過程中如有各種的元素穿插其中，讓情境類似一場華麗繽紛的秀場或演唱會。但演出的票房好壞，最終還是在於表演者的精湛表現，其中重要的因素，不僅是技法的熟練，更在於單純的定位清楚，也就是如題目所提的「惟精、惟一」才是關鍵所在。

我們常說「簡單的事情重複做」，所謂「簡單」就是精實，也就是銷售的基本功要厚，如蹲馬步般，有基礎後才能千變萬

千。而「重複」就是單一，但單一非單調，在不斷重複的操練中，能旁徵博引，能舉一反三，能觸類旁通，新見解及新思維會出現，重複的動作有深化的效能，自然產生有異於別人的見地，技巧因而全面昇華。

(4)「竹」之業務精神

清朝八大山人鄭板橋畫竹也寫竹，《竹石》詩云：「咬定青山不放鬆，立根原在破岩中。千磨萬擊還堅勁，任爾東西南北風。」道盡「竹」的強韌精神，而竹也被喻為君子，有氣節且能虛懷若谷，有所謂無竹使人俗的清新之感。

業務的精神就似竹子的精神，謙卑中有風骨，衝擊中展韌性，且類似竹子的功能，全身可用，葉包粽香，莖成家具，根冒食筍，無一處不是貢獻，就如同業務工作般，應使出渾身解數，盡其所能，也善盡本能。

(5) 手中的王牌

業務工作不論先來後到，不論年齡差距，當下每人手中的牌好壞不一，有些人順風順水，有些人異軍突起，但也有些人龍困淺灘，但無論如何，每人手中都有一張王牌，而這張王牌公平地對待每一個人，但這樣王牌如不善待它，也可能如手中的流沙般，消逝不返。光陰雖似箭，日月會輪轉，但它是業務最珍貴的資產，如果你現在業績不錯，光陰會錦上添花；如果你現在業績不如人意，光陰能讓你東山再起，時間公平地對待每位業務夥伴，讓我們能回到原點，重新開始。

(6) 保險之情深意切

所以情深，因為能助人；
因為意切，所以能愛人。
所以情深，因為常結緣；

因為意切，所以緣長久。

所以情深，因為常噓寒；

因為意切，所以常問暖。

所以情深，因為化風險；

因為意切，所以顧家庭

(7) 這是保險！

保險業務剛開始困擾不少，但最終肯定更多！

保險業務剛開始挫折的不少，但最終成就更多！

保險業務剛開始看壞的不少，但最終看好的更多！

保險業務剛開始收入稍少，但最終賺得多更多！

保險業務剛開始要學習的不少，但最終得到的資源更多！

保險業務剛開始不理的人不少，但最終主動要我們理的人更多！

保險業務剛開始拒絕的不少，但最終成為客戶的更多！

(8) 夥伴同心，其力斷金！

孫子云：「上下同欲者勝」，意謂作戰若能齊心協力，一定攻無不克，戰無不勝。業務職場就如作戰的碉堡，是主管凝聚向心力的場所，亦是夥伴相互取暖，加油打氣的所在。如加上有共同目標，上命能下達，下情能上聞，雖有眾多個體，但眾志成城，革命情感已相融且不分彼此，夥伴同心，其力斷金！

(9) 業務大餐

耶誕節要到了！許多人過耶誕節要吃大餐，但我想一頓飯之所以好吃，除菜色外尚有吃飯的氣氛，尚有自己的心情及是誰跟我們共進浪漫時光。在總總條件的配合之下，那頓大餐才是令人回味的。

夥伴在經營業務時，商品類似大餐中的食材，而食材能變

成佳肴，需要加點佐料、火候及時間，才會是色香味俱全的一道菜，而業務員就是那烘托食材的能手，如何讓商品變得秀色可餐，需要我們妙手回春。

而且客戶在購買保單後，心中應是舒坦的、是愉悅的，也有高度的期待，視我們為可依賴的保險經紀人，客戶有如吃頓大餐般，享受美食外，尚有燈光美、氣氛佳的心情感受。如此業務將能源源不絕，因為客戶有保險需求時，就會想到我們。

(10) 業務之兩極

太極生兩儀，兩儀生四象，四象生八卦，萬世萬物，相生相剋。所以人分男女，有陰有陽；人亦分君子、小人，並存於世，雖邪不勝正，但不容否認，無小人之陋行，就無法彰顯君子之美德，孔子說：「君子之德風，小人之德草，草上之風必偃！」

業務環境亦常有君子小人之事在眼前飄過，甚且小人當道，空氣污濁，行徑乖張令人不齒，但勢頭很健，與之相處，令人呼吸困難，但同一職場，又無法逃避，自求多福外，心中怨聲載道。其實，職場中此種狀況永遠存在，尤其是業務單位，數字永遠是重要的指標，業績掛帥，無可厚非。而種種眼見不順意之人、事、物，我們淡然處之，試想人人皆有生存之道，既是「人人」就不限君子、小人之分，但只要自己謹守本分，時間會證明一切，勢頭會向君子一方傾斜。而過程中，君子有激勵的動能，力爭上游；而小人安於一時，終將退場。

(11) 安全氣囊

車怕失速，需有安全氣囊，保障行車安全，但以往配兩個已不夠了，現在許多車都是配六個安全氣囊，而六個安全氣囊的放置都是在車內不同的位置，以保障車內所有人的安全，就類似安全帶一人一條的道理是一樣的。而個人或家庭保險規劃，首要也在於「面面俱到」，能兼顧每個人或每個領域的配置，

如重點只放在一人或某一型態的商品上，就有疊床架屋之感，反倒風險無法全部規避，且保費恐有浪費之嫌。

而車配的安全氣囊就很符合保險規劃的概念，前座可能家中的家長或主要經濟來源者，所以安全氣囊大些，後座較小些，但側邊的氣囊有強化安全的功能，類似保險中有依個人喜好或狀況而強化的商品。如此的配置才有全方位的安全保障，亦無遺珠之憾！

(12) 確定的未來?!

許多人也包含我在內，十多年前對勞保的變革充滿期待，由一次請領改由按月給付，月錢不能算很多，但起碼能應付生活的開銷，心安不少。但近年來，離六十五歲愈近，我對勞保的不確定感愈高，深怕十年後有想像不到的變化，雖然透過商業保險已存了些錢，但夫妻倆人皆是勞工，萬一沒得領，生活品質也會受到影響。

養老的錢應是在年齡愈大愈穩定，而非在是愈接近退休時反倒要多操一份心，雖然勞保尚有其他的保險給付，但不可否認，退休給付應是勞工們最在乎的項目。這幾年來物價漲幅已大於勞保月投保薪資級距的增幅，也就代表一樣的錢，每月能買的東西變少了，能吃的檔次也就一般一般，但退休後卻可能有更長的時間要過！思前想後，總結一項不變的道理：「靠人人倒，靠山山倒，靠自己存最好！」

(13) 時間快如閃電

如果你是賣 20 年期的商品，921 大地震再一年就滿 20 年了，時間過得很快！

如果你是賣 10 年期的商品，大陸汶川大地震要滿 10 年了，時間過得特快！

如果你是賣 6 年期的商品，日本 311 大地震已超過 6 年了，

時間過得超快!

時間是無情的殺手,一分一秒都在縮短有限的生命,在短暫的人生旅程中,蒼天不老,海水不枯,人事卻多變,悲歡離合一樣不少,酸甜苦辣時時出現,然而生命會繼起,家族有傳承,只有「愛」能讓生命在代代中攜手共進,所以「愛」要即時,保護機制從即刻開始!

(14) 業務的「慢」

太極拳法使起來外有架勢、內有招式,虎虎生風大袖飄飄,總是讓人感受一種飄逸無拘的境界。而太極拳不使快,配合吐納之內氣調合,舒筋活骨,促血脈通暢,使人精神煥發。而太極拳之另一層功能,應是「定」的訓練,能定就能靜,能心如止水就能心平氣和,往往能先發觀人、後發制人,借力使力,以靜制動。

人是情感的動物,而業務的工作需要使勁、使氣加使智慧,如情緒不佳,牽一髮動全身,氣急敗壞之下,全盤皆輸。所以情緒常左右業務的進展,而穩定的情緒是我們必要的訓練。而我標題所指業務的「慢」,就是在情緒不佳的情況之下,我們當下處理的好方法,因為「慢」代表有空間及時間的緩衝,退一步想不易暴衝壞事,因為心已定、人已沈,凡事能腳步穩健,如太極拳法中步步見重量,但身輕似神仙。

(15) 業務「自然」處之

做業務不需要興趣,因為有興趣的人不多。但台灣就業人口千萬上下,但業務人員最起碼百萬以上,平均十人之中會有一人從事業務的工作,以文武百業來看,比例不低,何也?其實這是商業社會的常態,有商品的交易,就有金錢的往來,而居其中的媒介,業務員是快且有效的傳遞者,也是強有力的說服者,但畢竟是開口要對方買東西,看人臉色是互動時常遇見的

情況,許多人避之不及,敬謝不敏。

但因行業的需求,許多人成為了業務員,而且成為 Top 級的銷售高手,隨著時間愈久愈能樂在其中,已成為終身志業。其實,人應是最能隨遇而安的動物,不論喜歡與否的工作,有既來之則安之的處世哲學,先嘗試看看,再另謀打算,但許多人試著試著就與工作結緣了,雖是半路出家,一樣功成名就。

逆來順受、自然而然是人性中很重要的韌性表徵,因為人類與自然界相處了幾百萬年,深知其中生存之道,凡事要能不偏不倚,執中而處之,隨際遇而調整,與人結緣,與事隨緣,自然之道暢通無阻。

(16) 有「宏樓夢」嗎?

許多新夥伴會問我:「老師,你常說保險業有廟堂之美,除金錢外,還可以獲得什麼?」

我說:「可得到有很多,別的不說,競賽達標就能免費出國玩,菁英的身份,多一份榮耀到世界各地旅遊,這才是真享受,如是會長或極峰會員,住是總統級,玩是國家級,艙是豪華級,吃是米其林級,購物則是高檔精品不眨眼,帶回來的是世界各地的回憶及寶物,自是樂在心中。」

「老師,還有嗎?」

「旅遊享受只是看得到的,看不到的更多,其中成就感對我來說就意義不同,在馬斯諾需求理論中,說人類有五種需求層次,而『自我實現』是最高層次,而事業中的成就感就是自我實現的一環,也是生命中的精神力量。保險事業非單操個人的作業,透過增員發展組織,形成團隊模式,但如何驅使團隊中不同價值觀的成員,能朝共同的目標挺進,這是一項人力整合的大工程,需要的不僅是管理上的專業,更多時候我們還得有忍人所不能忍的雅量,排憂解難的度量,超人般的能量,才能匯聚力量,眾志成城。要知道,保險業務員多是佣金制,在

無底薪的給付下,主管能一聲令下,底下喊衝,這需要高度的智慧與 EQ,真能如此,這不是在自我實現,體現真正的生命價值嗎?」

「老師,這我懂了!」

「保險有廟堂之美,美在眼前世界,也美在心靈深處!」

(17) 你喜歡「鐵飯碗」還是「活飯碗」?

工作如是鐵飯碗,每日按時出勤,每月按時領薪,每年按時過節,穩定又無後顧之憂,從從容容的職業生涯,是許多人羨慕的對象,尤其在不景氣的環境中,人人爭先恐後,只想擁有一席之地。

但如此的日子久了,是否人的鬥志也弱了。這讓我想起遠古的人類,必須面對惡劣環境的挑戰,或與羣獸爭食,或與自然抗衡,天災下百折不撓,地變中找出生機,雖有物競天擇,人類生生不息。所以說,人有鬥性而能生存,萬物之靈因有智慧與靈性而產生文明。但如果生活一塵不變,安於現狀,是否代表生活的鐵飯碗有了,但生命中的那口碗卻縮了。

業務工作絕非鐵飯碗,你絕對不知道下個月可領多少錢,但只要內心中的鐵碗夠硬夠實,永遠願意接受環境的挑戰,張顯在外卻是可大可久的活飯碗,好似大碗公一般,盛著物質的享受及精神的美滿。

(18) 我們不一樣!

許多行業的業務員,多以商品的功能、品質或價格為訴求,自身的條件可展現的並不多。保險商品雖有各家之長,但成交的取捨除對方的喜好及需求外,我們業務員的「展現」是一個重要的關鍵。而展現的廣度、深度、高度卻可能是準客 最終購買保單的重要因素。

1.「廣度」:是指在經營的過程中,以更多元的資源或是

服務，讓對方覺得有「你辦事，我放心。」的安全感。

2.「深度」：適時透過訓練及多項證照的取得，能以深入但淺出的方式，植入專業領域，博得對方的信任。

3.「高度」：沒有不當違法的訴求，也不惡意的批評同業，法規條款及商品內容能據實說明。

「三度」代表空間的擴展，體積愈大，涵蓋面就愈大，個人人力資源就能所向披靡，最終獲得對方的青睞。

(19) 做保險要有組織

組織發展不只讓自己的事業有規模，能看到事業的願景，從另一角度看，有組織的主管，在業績的表現上亦應有一定的水平，畢竟要有示範的功能。此外，如遇業務上的低潮，團隊的扶持力道亦不小，能在短時間內就拾回信心。

保險的工作環境，人來人去是常態，但我發覺許多離開的夥伴多是一人業務，看似來去無牽掛，但也因為如此，無法領受保險的廟堂之美。我見過許多保險夥伴，當下挫折不斷，業績不見起色，但因剛有新人報到，氣勢瞬間翻轉，絕處逢生，渾身上下又似一條活龍，事業有了生機，一切的一切都已不是問題。所以說，保險絕不要隻身獨行，找到有志一同的夥伴才能細水長流。

(20) 保險這一行！

有一句話講：「做一行，怨一行！」三百六十行，雖行行出狀元，也行行有怨言。許多人因興趣投入新行業或工作時，興致勃勃，總希望能大展身手，一展鴻圖，但因主客觀因素的影響卻鍛羽而歸無疾而終，似乎興趣也非糊口飯吃的保證。

而保險業務如論就業排行榜，絕非前五或前十，甚且許多夥伴當初是誤打誤撞因緣巧合而誤入，真正有興趣進來的並不多，但我多年來的觀察，我發覺許多資深的主管卻是在經營事

業的過程中找到樂趣，進而產生興趣，最後成為一生的志趣，正享受保險事業的廟堂之美。「做一行，怨一行！」可能是其他行業；但保險是：「初怨這行，但歡喜做了一輩子這行！」

(21)「賣」的品味

1. 孔夫子賣「儒家思想」，周遊列國，教化人性。
2. 司馬遷賣「史記」，千年歷史，活在眼前。
3. 諸葛亮賣「隆中對」，出謀劃策，三國鼎立。
4. 李白賣「詩」，他是詩仙，我在牀前明月下享受浪漫。
5. 蘇軾賣「詞」，可與他把酒問青天，千里共嬋娟。
6. 孫中山賣「革命」，顛覆了帝制，有了民主共和。

其實偉人們的思想、理想、才華也都要眾人青睞，斷不想孤芳自賞，遺憾千古。而我們業務員也在賣，但不僅銷售看得到的保險商品，背後也在販賣自己的思想、價值及才華，透過商品的媒介，訴求於眾人，讓「人」與「商品」合而為一，展現最完美「賣」的組合，而業務的「美」於焉使人驚艷。美國人權鬥士「馬丁、路德」賣「夢」，他的「我有一個夢」已經讓許多人美夢成真。

(22) 業務「關係」

銷售保單不外人脈，人脈寬深且寬，能夠盤根錯節，相信小苗也能成大樹。但人際關係的發展與佈局，必須要能與業務接上線，也就是說，在人際關係的線上，必須要有業務的軸心，如此的關係才是可用的關係。所以我認為，不論當下個人人脈如何，都不是評估業務潛能的標準，但能在既有關係的業務訴求的覆蓋面愈廣，才能有爆發力。加上不斷新增關係線，如大樹般能不斷開新枝散新葉，業績茂盛可期。

(23)「大」即是美

參天大樹、棟樑之材絕非一日成形。但可用之木也非要百年、千年才成材,許多大樹,只十年培植,依舊枝茂葉盛,綠蔭蔽日,人們乘風納涼,鳥兒築巢鳴唱,大樹下一團和氣。所以說,要成大樹比良木更重要,高寒地良木百年成實幹,但飛禽無棲,只能孤芳自賞,但平地大樹,十年成蔭,枝葉繁茂,良禽擇木而棲,熱鬧滾滾。

組織發展要有人力,堅實自我固然重要,如再能開枝散葉,橫向發展,如榕樹般有幹有枝還有鬚,不斷延伸勢力範圍才是上策。

(24) 組織要有班底

劉邦打天下,有張良、蕭何、韓信,蜀漢有劉、關、張加孔明,都見到團隊運作的影子,只說明一點「團隊+團結=力量大」。

組織發展亦要發揮團隊的力量才能事半功倍,然而團隊人少時,我們尚能面面俱到,但人多到百人以上時,要能貫徹營運效能,非人人能顧及,而團隊中向心力強的夥伴卻是最有利的左右手,且最好是自己的直轄夥伴,因為相處的時間久默契夠,一個眼神即知意涵,一個動作能解深意,在平日的活動中,應適量的授權予他們。如此一來,將能使團隊的管理更上軌道,亦能借此培養新一代的領導人。

(25) 人才已經等在那邊了

其實許多夥伴一直希望在組織發展上能開花結果,平日的訓練中,不斷強化自我素質的提昇,無論是教育、輔導、經營、管理各領域,總是一馬當先不落人後,而且自有一番見解,但在增員作業的源頭,也就是名單的獲得上,總覺力不從心,縱有滿腹心得,也無旁人相伴。

依保險相關資料統計,我們手上要有四十八位準增員對象,

且是有效的名單，經過一年的互動，才能培養出一位全職保險夥伴，如手中的名單並沒有這麼多，那應多挪時間在開發準增員對象上，才是根本解決之道。

其實許多行業的許多人才早有騎驢找馬之心，只是表象按兵不動，但只要我們曉以大義，風生水起之苗已冒，排山倒海之勢已現，人才如過江之鯽蜂擁而至，組織大業成矣！

(26) 明人心、見己性

「明心見性」是佛家語，是修身悟道的禪心領會，有其深藏其中的人性哲理。但其所指雖屬個人的立身修為，但保險夥伴們也應要能領會一、二，因為我們的工作就在面對人羣，而人內心的價值、觀點、好惡…等，值得我們探求真意，然一樣米養百樣人，每個人都是不同的個體，雖說可細分成好幾類的人格特質，但深度探究後亦難百分百的掌握。但人性中的普世價值卻因環境、家庭、教育、心智成長而形成許多共同的看法，而這些核心價值人們不常說出口卻深值人心，左右人們的行為。

而我們自己亦為人羣的一份子，但畢竟是個體，個人的思維不見得能因應大多數的人，但業務工作以銷售商品為主，如何將保單推薦給對方，無形商品的背後，卻是心理層面的相容程度，能在談笑中讓買賣塵埃落定，「同理心」是必要的做法。所以說，適時調整自我的看法，在包含自己人格特質的基礎之下，再以更寬的包容心看待人、事、物，而原本20%的人格本我，就能在普世價值中找到80%的共同語言，進而走進對方的內心世界，但見對方的真性情，業務將無往不利。

(27) 冬「至」

保險業務其實不分春、夏、秋、冬，四季皆然，不分淡、旺季。但業務夥伴多在入冬後會開始送月曆或記事本，反倒與客戶面談的機會多了許多，平日空檔不少，但冬至到年底約兩

個月的時間卻天天滿檔，像是趕火車般忙碌。其實，如果年初至今如業績有落後，現在透過送月曆的機會，倒是可以扳回一城，達標且超標，來個年終全壘打。所以今天也算業務的冬至，因為將月曆送「至」客戶，寒冬中亦有溫暖！

(28) 一年之計在於「冬」

又是各業務單位年終「策劃會報」的時節，如何能在 2018 有好的開始，非明年初春才準備，因為春天就要開始耕耘了。所以前一季的冬藏才是釐定計劃及行動方案的最佳時段，但計劃的執行應是在伸手可及的範圍，而非遠在天邊的自我安慰，尤其在檢討當年度的業績及人力發展時，更應務實檢視且能找出可行方案。譬如說，2016 底因停賣效應，普遍在最後一季或今年的第一季業績會飆高，但此非常態現象，所以在檢視時，如能以再前一、兩年的業績納入參考值之一，則 2018 的新年度規劃數據才能具體在各季中被實現。

(29)《You Only Live Once》

這是一首搖滾歌曲，歌名很直接了當點出人生的無奈，人非九命怪貓，單程車票沒有人能重新來過，短短數十年的歲月，掐頭去尾一算，黃金歲月不過三、四十年光景，能奮鬥的日子看似有一、兩萬「天」，但用天干地支來計算，連一甲子都不到。

所以說，財富會與日俱增，但光陰只有日漸消逝，而其中最寶貴的就是能擁有奮鬥的日子，因為：

在挑戰與挫折中，奮鬥能讓自己更強大；

在痛苦與痛快中，因奮鬥我們能展翅飛翔，俯看人生美景。

而當年華老逝，我們依舊屹立不搖，享受風霜雪雨後生命的尊崇與價值。

(30) 業務的「悟」

「悟」乃吾之心。然而世事的真理或是人事的變化，有時一言難盡百般無奈，就算智商再高也摸不透想不清，但「心」卻是平衡不合情理狀態時，身體上的最佳的良師益友，但「心」要發揮功能，就必須要領悟、感悟、體悟，能夠靠心去感知參透生命及生活的無常及變化，自然能靜心而得，吾心悟已。

業務工作更因「悟」而能心平氣和，了然於胸，遇狀況不大鳴大放，業績不大起大落，與人相處不忽冷忽熱，凡事心有所載化為氣力，靜如處子，動如脫兔。

(31) 未來是「？」還是「！」

其實勞保未來是否會破產，抑或勞退給付是否能按月入帳，沒有人說得準，眾口鑠金莫終一是。有人言之鑿鑿鐵口直斷，認政府已有軍公教違約先例，勞保將來亦有爽約可能；但許多專家卻一一駁斥，認是杞人憂天無稽之談，認為老百姓不用太過擔心。

無論未來狀況如何？現在大多數人對勞保有疑慮，倒是不真的事實。在市場實作時，許多店家因是小的商號，勞退基金的提撥也未完全落實，在勞保、勞退皆是問號的未來，什麼才是真的？

人皆會老，也都要養老，老而生活有尊嚴靠「錢」較有譜，而更靠譜的作法就是「靠年輕時的自己」，年輕是賺錢的成長階段，但一定要留下一部份的錢面對未來的變化，如果一切都指望公司或政府，這無疑是將退休生活走在空中鋼纜上，風吹草動就擺來盪去，毫無安全可言，人生的尾巴卻像坐雲霄飛車般的忐忑不安。

(32) 純人工較到位

有夥伴問我：「未來的保險市場有可能被 AI 或網路行銷所取代？」我回答說：「應是並行不悖，各有市場，而且能產生互

補功能,創造更大的空間。」

　　其實我們可從另一產業現況發現實情。二十年前,要按摩舒展筋骨找視障朋友,後來電動按摩椅、墊的問市,大其行道,深入家庭,看似人工按摩的產業江河日下,但七、八年前來自不同國家的足部、全身按摩或 SPA 店又風行起來,開店如雨後春筍且生意興隆,透過人工的指壓才有點到核心的個別享受,所以大受歡迎。

　　保險從銷售到服務都可櫃台或線上受理,但購買保單前的個人需求及對應的商品,卻要銷售人員從旁協助,加上財務的配置、稅法的規定、受益人的安排、保單的校對,絕非機器能處理,這些都是個人背後的狀況,只有業務員專業的分析能處理得當。何況保單後續的服務事項,透過個人式的服務才能萬無一失,進而提昇服務的品質。

(33) 人性的弱點

　　每晚沈睡前的片刻時間,其實我們腦海中會浮出很多影像,特別是發生在今日所聽、所見、所聞,覺對是印象深刻,尤其別人對自己的溢美之詞或顯出風光自得之處。而這些的言詞或景象還會反覆出現在入睡前,甚至成為夢境的一部份。由此可知,人的內心深處隨時都需別人不同形式的讚美、肯定。而且這些言語,不僅有鼓勵的效果,更能美化生活。

　　俗話說:「良言一句三冬暖,惡語傷人六月寒。」既然人普遍需要別人的讚美,我們就要能滿足所需,且不花成本,卻能享受適時回報。

(34)「市場」是什麼?

　　市場是淬煉自己最佳的場所。因為:

　　　如是朽木會變實材;

　　　如是硬石會變寶玉;

　　如是劣馬會變良駒；

　　如是扁舟會變巨輪；

　　如是小咖會變巨人；

　　如是暗室但見一盞明燈。

　　不論你現在如何，走進市場，看見希望！

(35) 歲寒三友

　　這兩天雨勢不斷，看看時節已有入秋的氛圍，由秋入冬，應是一日涼一日，身上的穿戴會厚重些，人尚有衣服可保暖，動物亦有皮毛可禦寒，有些植物花飄落葉暫避風頭，但獨松、竹、梅花開枝茂，葉色青青朵兒綻放，在寒風中獨領風騷，昂首毅立於山巒平野之際，在灰白的景象中，大地依舊生氣勃勃！

　　可能是景氣的關係，各行各業今年多慘淡經營，而保險業務亦挑戰不小，但如何逆風而行，歲寒三友的堅毅精神，值得我們效法學習。而我們也正透過嚴酷的市場競爭強化我們的體質，期以更強大的吸引力，去迎接冬盡春來的商機。

(36) 人工保單夾

　　我曾見一位保險夥伴自己動人做保單夾，透過幾張稍厚紙板即可完成，分成厚薄不同的兩種規格，因電腦列印很方便，封面的設計就很有特色，有時會印上與客戶的合照在上面，相信客戶看到感受自是不同。其實，運用點巧思，也非大工程，大眾化保單樣式，經過包裝後卻有個人化的質感，小東西也會有大效益。

(37) 先有「件」、後衝「量」

　　業務的首要是「成交」，所以先成為客戶是重要的，要以佈點為先，先擴充自己版圖面積，有機會在「點」上蓋高樓，再創造版圖體積，才能成就一幅美麗的業務風景。如只在乎原

客戶的不斷加買，客戶終有力竭的一天，就算成就幾棟大樓杵在那兒，畢竟景觀不美，如能每星期找到一位客戶(每月四件)，就等於找到一塊空地蓋新房子，如時時在蓋新房子，業務版圖就會是直轄市而非縣轄市。

(38)《越過山丘》

　　人生時而漫漫，時而匆匆，際遇各異，味道亦不同。然而不能否認，生命中有起伏，生活中有波浪，順境中我們意氣昂揚，逆勢中仍需堅強以對，這就是人生！人生絕非一條坦途，我們有許多高山低谷要過，或高或峻，或深或險，我們無法逃避，因為它就在眼前。

　　上個月有位 DS 客戶打電話給太座，說自己的兒子騎摩托車車禍身故了，而且在前一個月才跟老公辦了離婚手續，而自己開的寵物店在今年三月份也收了。一連串的重大事件接連在半年內發生，對一位女性而言，這打擊太無情了！太殘忍了！然而它畢竟發生了，只能說一句：「老天無眼！」

　　聽完太太的轉述，心是懸著，腦是空的，閉上眼只回想起當初拜訪她的店的情景。這不過就是十多年前事情，店新開張不久，兒子還睡在嬰兒車內，老公在停管處服務，一家三口收入不多，但糊口亦不成問題，寵物店毛小孩一堆，但其中一隻小馬爾濟斯對我另眼看待，總是在我身上跳來跳去，牠很興奮我很開懷。每次來她店中服務，總能滿足我無法養寵物的遺憾。

　　然而短短的幾年，老天捉弄了這位善良的女人，旁人的我，亦有說不出的滋味，五味雜陳胃在翻攪，心中說不出的難受，且讓我害怕見到她。怕的是，不知如何啟口？怕的是，不知如何安慰？因為這人生的苦我吃不下來，我無法面對。

　　然而理賠的手續要辦，九月底與太座去了她家一趟，出奇的事，她沒大哭，心境算是平和，雖然語多無奈，望著她紅眶中的眼神，我深深感受一位女性背後堅韌的意志力，離去前，

她說了一句:「葛大哥,以後若有空常到我家坐坐,尤其是倩萍姐一定要約我出去喝咖啡聊是非,咖啡雖苦,但我不認為苦,它聞起來是香的,喝完後心頭是甘的。」

人生有山丘,她越過了一條帶著淚水及傷痕的山丘,且是險峻的高山!但我知道,只要爬過山終將下坡,新的生命又將再起,浴火鳳凰已然誕生,老天在開眼!

(39) 關於生日

有一回到客戶天母的店中辦理契變,一進門只見櫃臺上有塊三角型的小蛋糕,上面還插了一隻小紅蠟燭,乍問之下,才知當天是客戶的生日,而小蛋糕則是另一位同事送的。匆匆辦完手續之後,二話不說,蛋糕店不遠,立馬買了一個八吋的蛋糕,客戶看著我拎著蛋糕進門,我話還沒開口,她的眼眶紅了,直說:「謝謝,葛大哥你太客氣了!」大夥在吹蠟燭時,她的臉上盡是滿足的笑容,而她的同事們也高興異常,吃的不亦樂乎!後來她店中有兩位同事,也都有跟我買保險。回頭想想,那個蛋糕的效益太大了。

(40) 保險業務可以很單純

剛入保險這一行,有朋友說,業務工作要能應酬,出入一些場所在所難免,自己要有心理準備。而剛進來時,也的確風聞單位中有一、兩位主管屬業務夜間部,神龍見首不見尾,就算見了面也是身有酒氣兩眼通紅,報完帳後又匆匆不知去處。

但自己當初離開顧問公司的原因之一,就是因為輔導的公司常有飯局,三天一小杯,五天一大飲,一攤二攤再接第三攤,沒完沒了的吃喝,當時寄人籬下,實在無法逃避。而如今離開了那公司,就應該調理自己,重新出發,因為自己的事業自己能作主。所以,而後的保險業務,我絕不跟客戶喝酒、賭博,我想保險應有專業理性的領域可發揮,也可透過本身努力一展

長才,因為一勤天下無難事!多年來,很慶幸自己能在保險工作找回自己想要的生活方式,現在三不五時到客戶家吃頓飯或在外頭吃杯香醇的咖啡,談天說地一番,不亦快哉!

(41) 德化業務

業務有競爭,要能勝出,過程中過關斬將更要力拚到底,最終奪標完勝,雖精疲力竭,但面露喜悅,這也是業務工作最有成就感的地方。而這一切是建立在公平的機制上。如果過程中用了不當的手段,巧取豪奪,失去公平的競爭,就算能有一時之快,也享一時之利,但絕非長久之策,光環的背後,卻有良心的陰影。

早些年在業務單位,面對年度高峯競賽,起跑後大夥齊心奮戰,單位中的夥伴們無不戰戰兢兢,看著每日的戰報快速調整行動策略。但有幾年的競賽,我記得到最後幾天的報帳日,有其他單位少數幾位夥伴的成交量能,卻如火山爆發,一飛沖天,獨佔鰲頭,成為會長或副會長。但邀約分享時,台上卻說不出所以然來,台下夥伴一頭霧水。這檔事紙包不住火,在後來卻真相大白,原來在最後幾天的業績是單位中許多夥伴灌水在他的名下,希望自己能出一舉中的,摘下皇冠。如此的用心良苦,實在無語問蒼天,巧妙的安排之下,雖有一時的掌聲,但如今身影安在?實實在在卡重要!

(42) 順天意抗人性

基本上人性是不喜向人銷售的,因為看人臉色又有點自討沒趣,往往身心俱疲,又無人體諒。但人性非天意,人性中的弱點必需有互補的機制,才能彰顯人性中向上的力量,舉凡勤勞、熱情、刻苦、務實、自信...等皆值得發揚光大,而各行業中,業務工作幾乎與這些特質同步也並行,透過業務精神能將人性的優點表彰無遺,亦將人性的弱點踩於腳下。

但事在人為，盡己之力，其他應隨遇而安，辛苦耕耘雖未必能歡喜收割，老天自然有最適意的安排。

(43) 古有孔子、今有量子

量子物理一日千里，可能是二十一世紀人類最重要科技突破，尤其在信息傳輸方面將無遠弗屆，大大地在速度及時間效率上有驚人之舉。我不懂物理學，但感謝科學家們的貢獻，我享受科技帶來的便捷。心想孔子如果生活在現代，周遊列國可輕鬆多了。

業務工作在未來勢必有更多科技化的模式，譬如服務系統的簡化、無櫃台行政作業都將實現。但銷售保單的過程就非科技能全部取代，畢竟這是需要溝通與了解需求後的個案處理，非數據能全盤掌握。然而環境隨時在變，業務員勢必快馬加鞭融於科技之中，才能掌握先機，這可不爭的事實。

(44) 有法只守、有德能攻

今日網路的訊息包羅萬目不暇給，互動式的新聞平台好不熱鬧，網民的見解五花八門，有時比電視更有看頭。我發現許多國人對單一事件的看法，認為是否違法為衡量對或錯的標準，如曰：「他違法了嗎？」又曰：「只要能遵守法規，又有什麼好大驚小怪的！」諸如此類言論，不一而足。

我認為，法規或法條是一個社會對全體人民最基本的要求，眾人有眾生相，一樣米養百樣人，面對複雜的人群社會，要能井然有序不紊亂且能保障基本人權，無法律不成秩序，這是社會必備的規範。但在法律之外，面對個人而非眾人，法律是否依舊是取捨或判斷事物的標準？我想多元文化，必有多元的思想體系，人類文明的創造除科技的突飛猛進外，一定要遵守法律外更高的心靈素質，而心靈素質的提升才能創造更文明的社會。

我們社會常講：「情、理、法」，可見「情、理」尚在「法」

之上,「情」是人際間心靈的交流,不論親情、友情、愛情...等,人是感情的動物,有情有溫暖,而無情的社會是冷酷的,所以說,人內心最軟的那塊就是「情」字。而「理」是符合人性的常規,理直能氣壯,有理走遍天下,無理寸步難行,但凡說文論理之人,絕非惡人惡相。而情、理兩字交融於行為舉止之間,會交織出現「德」的文化內涵,也就是道德的核心思想,德能知進退、辨是非、講忠信、明情義,良善美俗於焉形成為文化的一環,清華大學的校訓:「厚德載物」即說明一切。透過道德的履踐,於內是軟實力的建成,對外是硬實力的文化力量,通四海達八江,將個人的層次向上提昇,社會國家的力量便無遠弗屆。

　　「法」有基石,但「德」才能至善至美,如眾人皆以「德」為準,和諧社會、進步國度、一流國家,台灣當之無愧。

(45)「渴望」的創造

　　渴望在人性上比需求更強烈些,是一種迫不及待的獲得感。業務進行的過程中,我們都在為對方的渴望感受加溫,不僅是在創造需求,而且讓對方有急於下決定的衝動。如果吃美食要排隊,百貨公司週年慶的人潮,總是欲罷不能。

　　而「性價比」的高低卻是渴望感的關鍵因素。對保險商品而言,價格是固定的,但性質、性能卻是可論述的,不一樣的人有不同的說法,但吸引人處卻又高低不同,但確定的是,道行高低端看此處,神氣活現可讓對方耳目一新,出神化卻能觸動心靈,急速的渴望感應運而生。

(46) 保險專業、業務專業

　　保險專業是夥伴投身保險工作首要的訓練,如今透過證照制的落實,保險業務人員與過往真有天差地別的不同,我們可喜於形象上的提升,但畢竟業務員是業務掛帥,白板上數字閃

動，業務工作才有真實感。

　　所以在保險專業以外的知識卻如好菜尚須好湯來襯，才是完美的組合，如平時養成多閱讀的習慣，以海納百川的精神，博古通今學貫東西的多元接觸，不見得要多深入，也不見得要有師字輩的見解，能知皮毛即可，加上本身的保險專業，相得益彰，銷售的自我藝術感會展現，略勝一籌的力道因而散發。

(47) 心隨境轉、隨遇而安

　　老年失智是現代的文明病，因醫學進步，人的壽命延長了，腦部的退化而導致此病的發生。眾所週知，照顧失智病患最辛苦的莫若家人，尤其是配偶，除吃、穿、睡、行日常起居要隨侍在側，面對另一半漸漸嚴重的病情，總是心有牽絆惶惶終日！隨著病情加劇，對方不理性的言語及動作也愈多，往往超乎想像，身心俱疲外，心也在滴血！

　　夫妻倆人相處幾十年，到頭來卻愈來愈陌生，任人也很難釋懷，但又無可奈何！我想，要能走過如此的關卡，改變不了別人時，改變自己的心態是重要的。我是無神主義的人，但如我自己有此遭遇時，宗教是重要的撫慰力量，也容易轉移心緒到另外的領域而寄託之，如不透過宗教，自身心境就不得不調整。首先，我們應適時淡出過往的關係，重新找出合乎現實環境互動模式，以新的二人組面對病況的挑戰，以助自己的心境能淡定。譬如對方說的話，我們充耳不聞；對方的動作，我們視而不見，笑罵由他，不隨之起舞，自我先不動氣，設法轉移話題或暫時離開現場，都是保身的良方，切勿引發戰局，因為這對雙方都是傷害。既是文明病，就用文明的方法處理之，少感情用事，睜一隻眼閉一隻眼，方保百年之身。

(48)「小是小非」及「大是大非」

　　「是與非」應屬理性的判斷，亦即對人、事的價值觀，猶

如黑白分明般的界線分明。所以「當是為是，當非為非。」是應有的持事態度，但在「是與非」之間是否因狀況而有適當的折衝？

以保險事業而言，銷售屬個人與個人的互動，人有情感亦有情緒，如互動中都持之以理且義正詞嚴，相信準客戶未必能照單全收，因為每個人的是非觀未必相同，反倒能在情感中找出共識才是良策，但背離常理且離譜的說詞，亦應說明及化解。

而增員是舉才，而舉才的過程中，選才是重點，對準增員對象操守、品格的了解是面談中的重點，因為要找就要是良駒，而千里馬的條件並非完全指業務的產能上，在道德上的高尚情操，才能路遙知馬力，所以寧堅守「零」道德風險的關卡，絕不讓一粒屎壞了一鍋粥，破壞了團隊的形象及氣氛。

(49)「情」關

「紅樓夢」是四大名著之首，紅樓粉絲不分中外遍佈全球，鐘情於男女情愛中創造的文化價值，雖成書只三百年，卻影響了上億人們的心靈世界。

只要是人，擺脫不了「情」的糾葛，投於情也陷於情，最不能自拔的就是「情」的世界，而且不只是感情，其他如友情、親情亦然。所以說，與人互動，應以「情」的溝通為主線，繞著「情」跑才是正道，尋找最佳的共「同」話題，相談甚歡，才能拉近彼此距離，心靈上有交流，三分鐘的「同」情勝過三年的交情。

(50) 有情有義才圓滿

上篇談「情」，但掃街如只知情，調性軟了些，如有「義」字加持，方是完美。

1.「義正詞嚴」～不卑不亢是掃街的基本態度，我們能放下身段但不放下身份上的尊嚴。

2.「義不容辭」～不應事小而不為，Case 無大小，我們一視同仁，服務到位才有先機。

3.「曉以大義」～我們的專業方能避免錯誤不再發生，適時的引導及說明，才是業務員價值之所在。

4.「開宗明義」～在賣場中話要說清楚，不含糊其辭，尤其開始之初就必須名確表明身份。

(51) 標槍的一擲

嘯～的一聲，劃破天際，很高很遠，有人已在吶喊，槍還在飛，我們的心也上了台北的天空，久久落地的剎那，觀眾席上歡聲雷動震天價響，果然 91.37 公尺破了亞洲記錄，此金牌得來不易，它包含了選手過去數年多少的辛酸艱苦，只為站在世大運的田徑場中，告知世人，我們也有能人。

夥伴掃街有破記錄的雄心嗎？DS 有太多的記錄還沒破，真心希望好手拿出真學武藝，一步一使命，一家一希望，五十步看百步，百家變千家，我們追逐風也追逐太陽，直到日落西垂，晚霞滿天，高舉雙臂，為記錄歡呼！

(52) 主場優勢

昨晚看「世大運」中、韓籃球之戰，高潮迭起，扣人心弦，滿場觀眾齊聲吶喊的加油聲，小巨蛋響徹雲霄，這絕對是讓人心動的一場賽事。

我認為運動之所以能吸引眾人的目光，不完全在於技術層面，而球員的拼勁及不懈怠的精神更能呈現運動價值及美感，散發出運動的藝術風貌，對看賽的人而言，是一種高級享受。當然，如有自己同胞一起助陣，聲勢更是不同，自己的運動員與觀眾已是場中的一體，彼此像是心有靈犀一點通，觀眾是競技中的心靈教練，共同為自己的舞台再增添光彩，主場優勢銳不可擋。

(53) 業務不氣、不棄、不器

　　心平氣和是業務的基本修為，不因對方的態度而心起波瀾，平常心才能立於不敗之地。忍一時之氣，化氣憤為氣力，堅守業務的崗位，不離不棄，不達目的絕不終止，直到夢想到手。

　　有夢最美，能在夢想與現實之間搭起橋樑的是心胸及視界，業務不應在眼前的思維及範圍自我設限，更應多方吸取養份，不斷提升人力資源，假以時日，小苗終成大樹。

(54) 外化而不內化

　　莊子講了一個故事：「有三樣東西丟進三個鍋子，一是雞蛋，一是紅籮蔔，一是茶葉，在水中各煮一小時，三樣東西都有了變化。雞蛋變硬了，紅籮蔔變爛了，而茶葉只是葉開了，卻有壺好茶喝，香氣四溢。」所以說，人處社會，必須隨遇而安，我們無法隨心所欲，必須在作法上有所調整，但有為亦有守，不能在大染缸中，近墨者黑，把自己迷失在社會的旋渦中，無法自拔。然而，每個人應持本性而立於世，持善而為，真情流露，甚且能放諸四海，如茶香之擴散，共容共享之。

　　業務員也應如茶葉般，自成一體，但面對形形色色的人及環境，角色的改變有必要，因為有同理心才有共鳴，在過程中我們說之以正理，動之以真情，合情合理正道而為之，業務自是細水長流。

(55) 業務員的四心

　　孟子性善，謂人有四心可為仁者。

　　一曰：「惻隱之心」，亦為濟弱扶傾之行為，夥伴們在銷售的就是一份關懷，透過以小博大的原理，幫助自己也幫助他人。

　　二曰：「是非之心」，亦是辦真假秉正道之行為。我們的工作真誠待人，透過契約的型態，不欺瞞不詐取，是非分明。

三曰：「羞愧之心」，是希望能知羞恥，端正心志之行為。身為業務員，有所為，有所不為，絕不瞞天過海，違背良心做事。

四曰：「辭讓之心」，虛懷若谷看待事物，退一步海闊天空。業務有透過行動的積極面，任何機會我們當仁不讓，但在人際的互動，謙和是軟實力，也無遠弗屆。

(56) 從歷史人物看業務道德觀

三國時期曹操挾天子以令諸侯，雖南征北討戰功顯赫，然對漢獻帝視為蔽屣，帶劍上殿，許田射鹿更是喧賓奪主，雖為丞相，卻目中無君。反觀諸葛孔明感劉備知遇之恩，肝腦塗地輔佐幼主，七擒孟獲六出岐山，對蜀漢鞠躬盡瘁死而後已，雖出師未捷身先死，但典範在夙昔，世人感佩紛建武侯祠。同是丞相，世人對兩位的歷史評價卻是大大不同。

業務爭一時也爭千秋，畢竟細水長流才能服務到位，眼前的利益，若有不法、不明、不堪入目的因素在左右，我們應當機立斷，明哲保身不為利益所蒙蔽，跳脫旋渦以遠離禍事，以道德為依歸，成就無污染的事業鴻圖。

(57) 曹操的氣概

「對酒當歌，人生幾何；譬如朝露，去日苦多 ...」

「老驥伏櫪，志在千里，烈士暮年，壯心不已。」

「夫英雄者，胸懷大志，腹有良策，有包藏宇宙之機，吞吐天地之志者也。」

後人評曹操雖有治世之能臣，亂世之奸雄。但曹操的文章頗有大丈夫的氣魄，讀之心有所感，豪氣頓生。

(58) 敬業

我們的社會中有「敬」的文化，舉凡文章中有「敬」的詞

藻不少，日常交談中亦不經意會有「敬」語出現，譬如恭敬、尊敬、敬禮、敬上、相敬如賓、敬老尊賢……等，洋洋灑灑多不勝數，充分代表我們的文化中以禮相待所展現的謙遜精神，更是由內心深處對他人的真誠態度。

其中，「敬業」是我很欣賞的詞句，「業」本指人的角色而言，一般指是事業上所投入的認真度，對保險夥伴除事業觀外更有面對自己業務成績的意義。也就是說，「業」對 Sales 有其雙重意義，「敬業」是指努力地在自己的事業中，完成設定好的業務目標，能夠如此，才算尊重自己的事業，才能「樂群」融入團體或社會。

(59) 團隊「和而不同」

團隊是眾人組合而成，若能同心齊力，必能產生集體的能量，朝共同目標挺進。但每個人都是不同的個體，我們無法要求每個人動作一致，畢竟業務團隊非軍中部隊，一個命令一個動作。若是如此運作，在沒有強制約束力之下，成員早就猢猻鳥獸散，然而在尊重個體的前提之下，如何能繼續讓團隊向上提昇，孔子說的「和而不同」的「和」是重點，而「和」是指「和諧」之意，意謂團隊的和諧是運作的重點，凡事力求中道理性，貫徹公平正義的處事原則，但又不失去人情及應有的關懷。

但團隊文化並非處處討好，更非隨意附合，不因當時之氣氛而盲目的追隨。「和而不同」的「同」字，其實是指另一「合」字，「不合」代表不趨言附勢，不當好好先生，要不然在沒有是非的團隊中苟延殘喘，時間一久，個人戰鬥無力，團隊自是向下沈淪。

(60) 不經一事、不長一智

昨晚的停電，造成老百姓生活上的不便，許多人怨聲載道，我想不單是天熱沒冷氣吹，主要是「電」已與生活密不可分，

想想小孩少了一小時做功課的時間，老人家看電視也得犧牲，而主婦們擔心冰箱的食物，先生們急著找蠟燭及手電筒，手忙腳亂之際，只證明我們生活中已經分分秒秒不能沒有電。

而晚間的跳電，更是許多店家的夢魘，不僅客人不上門，在店內的客人還有公安的風險，尤其是餐廳或人多的賣場，店一黑，視線不良，滾燙的食物易釀成傷害；人多的地方擁擠也易在動線上錯亂，公共意外發生的機率也高。

所以產險中的「公共意外責任險」是店家經營的必要裝備，真要事故發生，責任歸屬自有鑑定的標準，但理賠不會少，做起生意會更安心。

(61) 業務的電夠嗎？

每到夏天，「台電」應是最焦頭爛額的單位，限電的壓力烏雲罩頭，稍有閃失，老百姓的怨氣一定接踵而至。「電」是一種能量，也應是如今世界上最重要的能源，無論工業還是民生用度，電是生活中不可或缺的基本需要。然而，對保險業務員而言，我們的需要的電又是什麼呢？其實，我們常聽到一句話：「今天我要去充電了！」所以說，業務員的電應是不斷自我能力的提昇，除自修外，參與進修與學習才是充電之道。業務不外「學、思、行」三階段，「學」為首，「思」為要，「行」為重。但要產生行動的效率而非盲目地的亂槍打鳥，學、思是基本的要件，因為此兩者如電的陰、陽兩極，交極後的能量卻是無限放大延長，讓業務效能綿長不絕。

(62) 業務與藝術

某日下午全家到故宮看奧塞美術館三十週年特展，有百餘幅真跡展出，人潮滾滾穿流不息，親睹名家名畫，一償夙願大飽眼福！其中米勒、莫內、高更及梵谷的畫作，歷歷在前，果是不同凡響。其中米勒的「拾穗」一圖，欣賞的人潮最多，也

是我佇足最久的一幅畫,圖中老、中、青三位婦女在黃昏時分彎腰撿拾麥穗的畫面,總令人多有省思,除反應當時農村社會貧困生活的景象,也反應畫家在繪圖中對當時統治階層的無奈控訴。

　　或許自己是業務員的關係,三句不離本行,PO文也不離角色,「拾穗」給我的感觸也最深,其中老、中、青可代表不同保險世代,雖有不同的業務歷練,但業務的本質是相同的。面對客戶,我們必須能彎下腰,放低自己的身段,才能找要我們的衣食父母(麥穗)。其實,彎腰是代表謙遜的精神,凡事能將自己放置在謙卑的角落,相信舉目所望盡是空曠的視野及無限空間。

(63) 行動

　　1.老子:「千里之行,始於足下!」

　　2.孔子:「先行其言,而後從之!」

　　3.墨子:「口言之,身必行之!」

　　4.孟子:「天將降大任於斯也,必先苦其心志,勞其筋骨…」

　　5.莎士比亞:「有力的理由,造成有力的行動。」

　　6.恩格斯:「判斷一個人當然不是看他的聲明,而是看他的行動,不是看他自稱如何如何,而是看他做些什麼和實際上是怎樣一個人。」

　　7.安徒生:「凡是能沖上去,能散發出來的焰火,都是美麗的。」

(64) 閱讀是業務的利刃

　　「知識就是力量」是眾所周知的一句名言。對業務員而言,學歷高低其實非至關重要,但求知求新的精神要能與時俱進,尤其知識的獲得要更多元一些,也就是說閱讀的寬度應大於深

度，多涉獵不同題材的書籍有助業務的內涵，而與客戶溝通時更能引經據典，對方的評價自是不同。

閱讀能一冊在手，自然樂趣無窮，重要的詞彙能加註畫線，忘記的情節亦能翻前頁強化印象，書本能一翻再翻，多看兩遍記憶深刻，而閱讀後的書頁痕跡亦是一種成就感。

(65) 麥當勞的嚴謹值得我們效法

全球最大的餐飲連鎖店是是「麥當勞」無庸置疑，光只是賣個漢堡薯條就能開個 25,000 多家店，着實讓人匪夷所思。在國內常看電視介紹某家餐廳或夜市的某一攤，菜色多有獨特之處，且排隊人潮不斷，是經過當地必吃之處，但我發覺這些餐廳的附近如有麥當勞，店內也一定要排隊買餐，而且這排隊現象在台灣都有 20~30 年之久了。難道它的漢堡薯條如此好吃？我認為不見得好吃，但絕對可以吃到清潔的環境、安全的食物、親切的態度，而最最重要的是感受到人潮中歡笑的氣氛，青春洋溢充滿活力的生命力。但要塑造如此的企業文化，絕非一朝一日可成，而且整個管理的態度是嚴謹一絲不苟的，要不然無法放諸四海同一標準，所以要求員工的規範都有 SOP，如此才能牽一髮動全身。

反觀業務員也應有其一樣的精神，自我的要求要嚴謹，如此知行合一身體力行，組織規模才能一體適用共存共榮，漸進放大能量，終能代代相傳，生生不息。

(66) 業務成本

成交保單能夠賺到錢固然高興，但背後付出的成本亦要考慮周到，尤其是某些通路是要付費的，譬如設攤或是購買就業市場名單。如花小錢而有不錯的效果，就算有些成本亦是值得；但如果錢投下去，久久不見起色，就有檢視的必要。此外，一般約會或應酬的開銷也應盤算清楚，尤其是特殊場所絕不會是

談保險的好去處，更不應有金錢的投入，穩健踏實當可保百年身。

(67) 千山獨行，不若萬馬奔騰！

連續三日中、南部的課程，雖在不同的公司上課，卻感受同為保險人的熱情，阿斗樂不思蜀，而我有樂不思北的人情眷戀，尤其是夥伴上課時的認真態度及學習精神，果是江山代有才人出，各領風騷數百年。

保險事業有共存共榮的特質，同甘共苦已是團隊不可或缺的文化底蘊。這回的課程中，就發覺不少是高階主管帶著組織中的新生代，不論是小 Team 還是較大的體系，大夥在課程中不分彼此共同學習，尤其是演練的時間，主管們能放下身段參與其中，親自上陣身體力行，已不在乎表現的好壞，只在乎學習的效果，且在過程中協力新夥伴，團隊運作的精神令人欽佩。

師父領進門，雖修行在個人，但師徒是一體，連成一線的行動模式，才能發揮蓋世奇功。

(68) 業務情、客戶心

業務最讓人心動的不見得是成交的喜悅，往往是客戶給我們的溫暖。客戶是我們的衣食父母，成交後的服務責無旁貸，只要客戶有待辦事項，我們絕對傾己之力，服務到位。

而我的客戶中卻有不少是成交至今尚未服務過的，除了年終一月曆外，平時也就電話噓寒問暖而且，但其中有少許的客戶卻在每次的交談中，總是鼓舞自己，如知道目前業務陷入低潮，也會不斷安慰我們，比自己的朋友還在乎我們事業的好壞，好似他們那裡就是充電站，充完電又是好漢一條。

(69) 業務一條鞭

業務也有上、中、下游的作業流程，如同風險管理事前、

事中、事後的指導準則。業務的上游應是業務員養成的訓練，包括心理素質的輔導、專業度的培養。而中游則是行動力的強化、目標的釐定與完成。下游則是服務系統的建立。

雖然流程上看似有時間的前後，實際上卻是交錯施展的，因為上、中、下游隨時會有支流匯入，而大的支流本身亦有上中下游，如此擴展成一完整水系，業務主軸納百川更見壯觀。

(70) 業務之泉

泉能生津止喝，好泉下肚通體疏暢，健康兼養生，但好泉總在山林深處，但如能覓一泉就如得一寶。業務之泉亦難尋，就如好馬雖多，但千里寶馬總是萬中取一，有時可遇但又不可求。

保險是細水長流的事業，但光靠自己拼搏業務，事業少了些規模，且年紀愈大，會力不從心，組織發展就顯重要。所以新夥伴的增員作業刻不容緩，然而在選才的過程中，量質應並重，有源源不絕的夥伴投入顧然可喜，但如發覺是不適任的人員，我們必須當機立斷；但如發覺難得的良才，務必窮追不捨，曉以大義費盡口舌三顧茅廬，不成夥伴絕不罷手。

(71) 天無絕人之路

業務成敗在於行動力的落實，只要能自我要求，按部就班去執行，自然會有出口。在業務線上多年，我也常見到業務員進進出出，而離開的不乏高學歷及外形不錯的夥伴，但最終半途而廢，除工作態度有偏差外，行動力弱是主要原因之一。辦公室中打建議書多的夥伴，不一定是業績最好的夥伴，但也絕不會是做不下去的夥伴，一分耕耘一分收穫，流下汗水一定能歡喜收割，景氣不好只會影響收入的多寡，但狂風來時絕不會吹翻全部的船，一枝草尚有一點露，業務只要有心，天無絕人之路。

過去兩年，無論是食安還是航空運輸業，一夕之間風雲變色，無論優劣員工，一律無頭路且無處訴苦，還在抗爭的比比皆是。而我們業務員只要勤快一些，生活穩如泰山且妙不可言，漸入佳境享廟堂之美。

(72) 形象是什麼？

　　大家都知道，形象對業務員很重要，舉手投足言談神色皆是學問，形象定位清楚，展現技巧時更能事半功倍。但每個人的形象非固定，應是依扮演的角色而展現不同的風味。

　　而我們在保險業服務，工作期間就是銷售保單的業務員，而業務員應以銷售商品及提供服務為主，所以無論外在的衣著、打扮或是內在的專業素養皆應依業務性質而整裝出發。

　　俗話說：「扮什麼要像什麼！」像個樣就會是好樣，客戶如對我們的印象深刻，任何時間只要一想到買保險，對方腦海中出現的第一張臉，非我們莫屬。

(73) 業務如逆水行舟

　　業務有經驗的累積，年資及閱歷的多少，亦代表業務領域的成熟度，對業績上的幫助有目共睹。但社會環境日新月異，競爭狀態亦與時俱增，業務線上的夥伴不可能只守一套經驗法則行遍天下，一招半式已難擋得住紛至沓來的十八般武器，所以再學習再成長已是勝敗關鍵，人力資源的再提昇刻不容緩。

　　報載房仲業務員從去年初至今少了三成，流動的比例很高，但我也發現在進行陌增實作時，許多年輕的房仲表現不俗，整個辦公室有一半的彩帶是他的名字，互動時談吐不俗，對事件有理性的見解，感覺得出對方很有料，我想有這些條件應全非在學校養成，而社會大學的營養學分更是舉足輕重。所以說，業務工作之所以迷人，我想「在職教育」是重要因素之一，且是職涯中最前瞻也最有意義的事。

(74) 老公真愛老婆

我有一位早年陌生市場的男性客戶，十幾年來陸陸續續跟我買了不少張儲蓄險，大都是還本的商品，不只十年期也有十五、二十年期的，而領回的還本金也是五花八門，三年、二年及每年拿錢的都有。這兩年保單陸續到期，還本金也開始給付，而當初的還本金受益人皆是寫老婆的名下，所以還本金小到幾千元或多到三、四萬元皆進了老婆的戶頭，算算將來他老婆會是好野人俱樂部的一員。

他說太太還是職業婦女，但家中事務亦一手包辦，讓我工作打拼沒有後顧之憂，而她賺的錢也是攤在家用中，私下幫她存一點錢也是應該的，如果老婆有雙薪的享受，我雖是她老公，但又有一點點是她老闆的味道，雙重身份我也很高興。

我這客戶還告訴我說，夫妻相處不能只有甜言蜜語，女人在家時間多，所以在外賺錢的時間絕沒有男性時間長，像我太太現在很開心，而且我老公兼老闆還能當一輩子，何樂不為！

(75) 費德勒傳奇之我思我見

網球名將費德勒八次奪得英網溫布頓的冠軍，果是前無古人，恐後無來者，三十五歲的運動高齡寫下網史上不朽的傳奇，令人讚佩。有專業雜誌的報導，費德勒的勝利在於充分發揮了運動效率，其中發球得分的比率是所有選手中最高的，其次對打中會多用切球及上網攻擊，儘量減少底線抽球的次數，以緩和自己體力上的消耗，再加上反手拍的威力，贏得輕鬆又令人驚歎。

業務的工作已非埋頭苦幹，拜訪效率已是必要的學習過程，如何能善用自身的優勢過關斬將，是必然的技術關鍵，而知己的劣勢而不曝於市場之中，也應有權衡做法，當然技術的不斷提昇，多元通路的齊頭並進，就如同費德勒的正手、反手出神入化的展現，才能立於不敗之地。

(76) 94 朋友

這位朋友，我認識二十年了！

記得當初跟我買保險是透過同學介紹的，但在銷售的過程中，別人是心事無知，我是心酸無人知，對方總是處處刁難，不僅面有難色，且語帶諷刺，嫌東嫌西，建議書還沒說完，他都不知冷笑了幾回，訴求簽單時，我望穿秋水，他的手似千斤萬擔，雖然最終簽了保單，但心頭著實不太好受。

但一張保單一世情，透過保單我跟他認識也二十年了，最近對方傳 LINE 給我說：「葛兄，上個月我繳完了二十年前買的第一保單的保費，只剩附約的錢要繳。老實說，跟你買保單我虧本，沒申請過一次理賠，但我很高興買到平安，還有你二十年的服務，值得！怎麼樣，下星期有空出來吃個飯，我請客。」「沒問題，你請客，我付帳，以後帶我全家人來就由你來處理了。」「那有什麼問題！」

(77) 交心又交錢的好朋友

知心的朋友難得，若得一、兩位而傾心相交，快慰平生。然而人生在世，舉凡生活過渡食衣住行育樂，無一項不與金錢相關，如能自食其力，那是最好，但萬一生活起波瀾，知心朋友如能仗義疏財義不容辭，那可是雪中送碳，銘感肺腑！但如果朋友也力有未逮，只能自求多福。

保險非人，是沒有生命的契約，厚厚一本，平時連看的興趣都沒有，如何與之交心！雖然平常我們視而避之，但它卻默默地守在我們的身邊，忠心耿耿，一直視我們為最重要的朋友，因為它的生命中有我們及家人的名字，那是它最在乎的一羣人，它只為這羣人守護幸福，因為它的生命與我們休戚與共。這個老朋友不僅與我攜手走過人生的旅程，最可貴的是，旅程中艱難險阻它隨時伸出援手，急難救助，出錢出力，絕不落人之後，當我們年紀大時，扶持照顧或養老供給的不見得是老伴，而它

絕對情義相挺再加金援不絕。總歸一句,保險是一輩子必要交往的一位好朋友。

(78) 偉大的背後有洋蔥

《紅樓夢》一書的作者曹雪芹,雖然家族顯赫不可一世,但世態多變,家道中落後,窮困潦倒三餐不濟,期間飽嚐人世的炎涼,看盡凡塵虛華,然於在世前十年,居荒野陋室,幾乎與世隔絕,在艱苦絕望的環境中,完成中國文學史上的一代巨著《紅樓夢》。這部書是中、外公認首屈一指的曠世名著,每個世代,都有許多紅學迷樂於投心於中,欣賞及研究文學帶來的精神饗宴。

而曹雪芹在完成巨著的十年中,卻是生命中最灰暗的時刻,但寫作的新生命卻延綿千秋萬世。這是否意味,人往往是在絕望無奈之中,自有新的潛能在蘊釀,自有超乎自己想像的力量即將噴發。

(79) 從三國看業務

三國戰將勇,名將如雲羣英會,劉備有五虎上將,曹操有夏侯惇、張遼、許褚、張郃,孫權在江東亦有周瑜、韓當、黃蓋、呂蒙等,再加上手持方天畫戟的呂布,可說是歷史上英雄輩出頭角崢嶸的輝煌時代。三國戰將多忠貞不二,且上戰場有視死如歸之精神,在重要的戰役,兩軍對峙,帶兵的將軍往往立下「軍令狀」,以項上人頭為注,為戰役勝敗負責,兩軍嘶殺,震天撼地,一天當關,萬夫莫敵,馬革裹屍再所不惜。

業務也如上場作戰,為自己成績好壞負責,也應自立軍令狀,不達目的,絕不放手,生命猶壯、但事業可觀。

(80) 閱讀的新樂趣

歷史小說是自己平時最喜閱讀的書籍，最近重讀三國演義，除有新的認知外，最大的樂趣就是對地理知識的拓展及對生澀字的正確讀音。

三國演義的場景夠大，大到當時中國的東南西北方都涵蓋了，但許多戰爭的所在地，卻不甚清楚，譬如關公大意失荊州，最後不幸敗走麥城，而書中的麥城卻只是一個地名，但如今只要「孤勾」一下，地圖馬上就出現了，真是方便多了。此外，原文中許多生澀字，也只需滑一下手機，就馬上能了然清楚，對閱讀實在幫助很大，書中真似有顏如玉、黃金屋，閱讀原文書不再是枯燥的一件事。真是感謝手機大神的神助，即刻提供的訊息無遠弗屆。

(81) 看似平凡，背後不平凡

許多業務高手，日常作息與一般人無異，分享業務心得也並非有特別之處，私下交談雖有個人見解，但也非是高深的祕訣，但面對面時可絕對感受到一股正向的能量，言語中有期待，行動中有活力。此外，離開辦公室的他們，卻多有不為人知的努力，我們沒看見，但他們默默在朝目標挺進，我們可想像嗎？

當我們娛樂歡唱時，他們正埋首在字裡行間！

當我們不時休閒渡假時，他們正時時充實走向專業！

當我們大吃大喝時，他們三餐少塩少油定時定量！

當我們一早 7:00 起床時，他們早已運動回家！

但他們的犧牲是有回饋的，一旦病魔來襲，眾人皆倒，獨他們生龍活虎。一旦市場有變化時，他們卻屹立不搖穩無泰山，但商機乍現，他們絕對一馬當先，奮力奪標！

(82) 運匠的感慨

昨日搭計程車，司機先生很健談，也可能是彼此年齡相近，

相談甚歡。這位運匠提到開車已有三十幾年了，但感覺人與人間的距離感愈來愈遠，不信任的感覺很明顯，他說有些客人上車前手機先拍車號，上車後又就拿手機照執業證照，當下心中很不是滋味，開車純賺錢，少了許多人與人之間的友善態度，但他說有這現象也無可厚非，畢竟就有少數的運匠一粒屎壞了一鍋粥，惡行囂張，讓客人的心牆高築。他又提到，政府應對台灣的詐騙集團加重刑罰，他說這些人到處騙，騙到社會善良風氣沒有了，騙到台灣最美麗的風景不再是人，騙到人與人相處無法坦誠相見，騙到彼此說話都會懷疑對方是否心懷不軌，騙到執迷不悟！

這位運匠滔滔不絕侃侃而談，像是一股怨氣全盤托出，直說到家門口。不過他所提的詐騙行為及加重刑罰部份倒是於我心有戚戚焉！

(83) 業務的即時效果

銷售一般商品除創造商品的尊貴性及稀少性外，保險商品可再運用「即時性」，所謂即時性是指近日所發生的事故或故事，我們絕不樂見不幸的狀況不斷發生，但畢竟天有不測風雲，人有旦夕禍福，上網一看新聞，全世界的國家隨時都有災難發生，我們為不幸者悲，但也體認風險無處不在，在銷售時如能將最新的訊息加以說明，相信客戶的感染力更強，譬如上週英國倫敦大樓的火災、大陸四川的土石流，都造成上百人的死亡，許多家庭支離破碎，無語問蒼天，而保險就是這些災難的穩定力量。

(84) 順天者逸、逆天者勞

業務工作常遇挫折，往往一時的困頓，讓自己身陷泥沼之中，想要脫身總是付出更多的時間及心力。尤有甚者，自我封閉或自我催眠之，無法自拔。其實，要從龍困淺灘到飛龍在天

並不難，只要看見天空中有另幾隻飛龍在張牙舞爪即可脫離灘頭一躍上青天。人如勢頭不順，一定要多接觸氣場強的環境及人，透過順場的氛圍去改變自己的現狀，這是最有效率且不費力的方式。如果單靠一己之力想逆轉勝，不是不無可能，但時間成本太高，短期內尚無影響，但長期的事業發展都是如此埋頭苦幹，代價太高太高了，離成功的時間會拖很久，尚且不一定會成功。

(85) 百分之 2 與千分之 20 定義相同，感覺不同！

　　銀行升降 1 碼利率是 0.25%，也是千分之 2.5。也就是說，如降一碼，1,000 元存款一年少 2.5 元，一萬元少 25 元，一百萬元少 2,500 元。如有一千萬定存當養老金，一年少 25,000 元利息。25,000 元可以是一個月的零用金，也可以買一台新的 50 吋電視，也是一趟海外旅遊的費用。所以說，數字的呈現光靠「百分比」，在生活上可能無法完全體會中間的差異，反而透過「千分比」，就能了解數字的高低差異，而內心的感受就強烈多了。

　　而目前預定利率 2% 的保險商品，對許多人來說微不足道，甚至在拜訪時，許多商家會說 2% 跟零利率差不多，感受不到有什麼天差地別。但如果我說我們是千分之 20，未來可能是千分之 10 或千分之 5 時，對方的感受及重視的程度就明顯不同。我們並非在玩數字遊戲，因為在考量的數字都是金錢，適切地將金錢的差異反應在生活層面，精打細算後才能持盈保泰。

(86) 看金曲獎頒獎

　　榮耀可是生命中最閃亮的鑽石，一生能夠有機會佔上數千人的舞台上受人歡呼及祝福，相信絕對是畢生難忘的回憶。2017 金曲獎在頒最佳女歌手獎的時段，六位女歌手屏氣凝神，七上八下的心情，可是千斤罩頂，相信腦中空白，六神無主，只希望自己的名字能響徹雲霄，無奈僧多粥少，只有一位能代表上

台，然而為自己爭取最高榮譽之心人皆有之。

所以我常說，獲獎絕對是業務員的嗎啡，一次就能上癮，不論大小獎項，如能常常上台領獎，用得獎寫業務日記，保險事業絕對篇篇精彩。

(87) 是「慣業務」嗎？

有慣老闆或慣寶寶，意指被慣壞的老闆或小孩。但不能否認，業務夥伴也可能會被慣壞了。業務原本就是獨立性超強的工作，除單位訓練及行政作業，其餘時間都應與業務有關，無論是銷售還是增員，在時間管理上要求能分秒必爭，在乎每一個箱型時間的充分運用，如此才能展現業務的穩定性。

我們常說：「師父引進門，修行在個人。」我雖不太贊成這句話，畢竟為人師者，應有必要付出與適切的輔導，但不能否認，業務的好壞，還是在於接受訓練後，個人的體會與認知，再轉化為積極的行動力。所以，客觀環境的狀態決非業務勝出的主要因素，往往個人內心的使命與驅力才是成功的關鍵。而業務要成功的第一要素就是 KASH 的 H，也就是要求自我的習慣養成，有了好習慣，包含知識、態度、技巧都能水到渠成，業績自然能穩步趨堅。所以我期待的「慣業務」是指養成好習慣的業務員。

(88) 使命與死戰

「使命」是面對挑戰的企圖心，但達成目標的行動準則，應有決一死戰的精神。業務的工作就如同軍事作戰般的戰戰兢兢，目的當然要取得最終的勝利，過程中你來我往，你退我進，任何對戰的細節與計劃馬虎不得，當確認目標，全力以赴，以背水一戰破斧沈舟的氣力，殺出一條業務的大道。

市場是競爭的，你的裹足不前就會讓別人趁虛而入；你的徘徊渡步，別人可是大步快跑。所以，在業務競爭的環境中，

你怠懈不得，你很累可慢走，但必須腳不停歇；如你上氣不接下氣，可邊行動邊補氣，一定氣貫丹田。

其實，只要是健康的身體，正常的飲食作息，人的很耐操的，也就是說，人有不可思議的潛能，只因觀點及看法的不同，而無法100%善用。如同一部汽車，正常按規定開，約40~120公里之間，且一開就是一、二十年，但殊不知，在時速120公里以上，車子一樣能穩如泰山，且二十年如一日，只因環境的規範無法車盡其用。但人不同，雖然智商各有不同，但潛能卻是大同小異，如果你只願露出冰山一角，再高的聰明才智也是枉然。要能衝出潛能全部，也就是說，車子要能開到180公里以上，則必須靠有死戰的行動力及不達目的決不終止的使命感才能創造出。

(89) 透過時間見證保險的功能

保險商品如果少了說明與解釋，也真難馬上體會它的意義，但時間的巨輪不留痕跡地向前滾進，分分時時月月年年在告訴人們它的與眾不同，也見證生命及生活過程中的無可替代性。這可是鐵一般的事實，回顧過往再看看未來，社會的變遷正讓我們感受那種不知所措的變化，不是嗎？

　1. 未來的天災是否愈來愈多？

　2. 未來的人禍是否層出不窮？

　3. 未來的污染是否時時罩頂？

　4. 未來的利率是否低不可測？

　5. 未來是否能賺到更多的財富？

　6. 未來在稅法上是否有更多的限制？

　7. 未來的醫療開銷是否愈來愈大？

　8. 未來罹癌的比例是否愈來愈高？

　9. 未來的財富是否愈集中化？

　10. 未來的世代是否少了許多傳統觀念的影響？

如果你覺得以上有八項的答案為「是」，那我認為，現在的保險商品就是未來的無價之寶。

(90) 習慣硬被改了

體重加上 146 的高血脂，醫生下了飲食改變的命令，除運動外，食物要嚴格的規範。原本兩碗飯要減半，大碗麵變正常量，青菜白肉多吃，鹽糖少沾，火鍋湯底不要喝，帶糖飲料不能喝……。民以食為天，「吃」應是種享受，但如此的叮嚀，真要苦了我的嘴及肚子。

但如此「試吃」了一個月，體重沒降但口味還真改了，慢慢習慣少塩少糖少油的菜色，在不加醬油不加辣的素色中，慢慢品嘗出菜的真味，有些入口雖乾澀，但後味卻甘香，就像吃白斬雞不沾醬，卻能吃出雞肉的鮮甜味。如此一來，習慣真的一百八十度被反轉了。

(91) 業務的真意

我一直認為，業務就是將已之物推銷予消費方，賺取應有的回饋。所以，我在銷售保單時，從不避諱我是來推銷的，因為我就是業務員。但對方是否樂見或是否對我反感，非我所在意的！但我不強人所難，更不強銷硬塞，絕對尊重對方的意願。但業務員有說的權利，也千萬不要讓我們的權利睡著了。

(92) 哀齊柏林！

《看見台灣》是我近五年繼《志氣》一片後看過的第二部國片，也是我進戲院看的第一部記錄片，全片描繪了台灣山川之美，也顯露了在美麗後的哀愁，尤其是環境的污染與破壞，透過空中的視野，活生生的呈現在我們的眼前。雖然看完此片後，我與太座有一些分歧的看法，如我較強調更多元的視野及角色，而非單一空中的表象，譬如地質地形的影響、水文的分

佈、山脈的形成期都會影響目前的地貌，況且工業化後台灣經濟發展的必然性，畢竟二千三百萬人口的台灣，要能豐衣足食，環境的就地取材是必要之惡。但無論如何，齊導的用心良苦是難得的台灣精神，未雨綢繆的護島使命感，讓人動容。

　　台灣是寶島，我們有美麗的山川，有底蘊深的人文基礎，人人都應珍惜它。

　　看見齊柏林、看見台灣的美！

(93) 你到幾度？

　　「熟練度」影響「抗壓度」

　　「抗壓度」影響「成熟度」

　　「成熟度」影響「流暢度」

　　「流暢度」影響「接受度」

　　「接受度」影響「信任度」

(94) 老驥伏櫪，志在家裡

　　上星期豪雨來襲，雲林一家養老院有五十九位安養的老人家，因淹水被迫要遷出養老院，而這些老人家多數行動不便，病臥在床，但床不易搬離，救災人員必須一位一位地抱到救護車內再撤離。從電視中，看得出每位老人家在瘦弱的身軀上，流露驚孔的表情，就像逃難中卻有身不由己的無奈，加上不停的滂沱大雨，地面不斷上漲的水勢，組合了一幅令人心酸的畫面。

　　人會老是事實，但如何能自食其力，受到更好的生活照顧，應是年輕階段就要有的規劃，如此老年安養有尊嚴，子女亦無後顧之憂。

(95) 釋懷業務行為

　　我們是業務員，從事銷售保單的工作。當我們面對其他行

業的銷售行為，我們更應放寬心地看待。

　　早些年在通訊單位，不時有銷售信用卡的銀行專員來拜訪，雖會耽誤些時間，但我總會給對方說明的空間，最終需不需要看個人的判斷即可。

　　曾有一位賣領帶的小姐常在午休的時間來推銷「領帶」，雖然價格不貴，但前幾次都沒人理睬她，無功而返，但對方並不氣餒，依舊不時拎著大包上百條的領帶來賣，後來太座去看了看買了兩條，只要五百元，雖非精品，但質感還不錯，其中一條我現在還在用。而那次開張後，陸續有同事跟進，光我們樓層應賣出有三十條之多，因慢慢熟識，對方打鐵趁熱，也賣廉價襯衫及皮帶，有時中午還跟我們吃便當，有一位主管一直想增員她，後來雖沒成功，但她也跟這位主管買了一張保單，記得望年會時，她還受邀參加，大家已不分彼此了。

(96) 創新與改造

　　「創新」是時髦的名詞，也是代表走在時代的尖端，不論工、農、商、服務業，更應求新求變因應競爭的市場。然而創新靠智慧，如能再配合市場的需要，或能有效開發市場的空間，落實「能產」亦「能銷」的機制，但創新有其循序漸進的過程，非一蹴可幾，過程中「改造」的工夫不可少。而改造在今天來看，雖不是從無到有的過程，卻有翻新再創造的意涵，而製造的過程中應強化新功能新品質，所以改造意謂「造」的質變與量變，以新的氣味吸引消費者。

　　保險商品不斷推陳出新，總能引領風潮。但如能在既有的商品上再精益求精，改造出符合時下消費者的需求，相信更能拉出市場空間。

(97) 病變

　　生病花很貴

殘疾價更高

　　若要長期顧

　　親情早晚拋

　　當兵有情變，因為分離時間太久；生病有病變，因為照顧時間太久。生老病死人之常情，若是生老病不死，人很難有長情，親情可貴，但往往無法天長地久。臥病長年在床，能長相左右的又幾何？整日呻吟病痛，能耐心顧照的又有多少？錢非萬能，但在照顧長期臥病在床的病人上，錢又變得珍貴無可取代。

(98) 業務新手如何早熟？

　　上帝創造人類很奧妙，長到十四、十五歲時就有男女成熟的身軀，但智慧卻要晚十年左右才算真正成熟，加上歷練的時間，三十歲才算完備，所以孔子曰：「吾十又五志於學，三十而立。」

　　而業務工作要體力，也要智慧與經驗。對年輕夥伴而言，業務不能等至三十歲後才開始，何況英雄出少年，在體能最佳的階段，也可透過方法及技巧，補其他之不足，我認為有幾個方向，夥伴可參考之：

　　1.善用羣力，借用別人的智慧補己之不足。

　　2.多考證照，提昇人力資源。

　　3.善用單位中的師徒傳承制，複製成功的模組。

　　4.凡事多請教，不主觀看待問題。

　　5.多接受各種訓練及課程，知識加資訊能讓業務更得心應手。

　　6.在單位中主動掌握上台的機會，自我表達能力短期就見效。

　　7.每年主動辦1~2次活動，透過活動強化組織力及會議主導能力。

　　8.至少每月一次自我檢討。

9. 接受業務挑戰，譬如：高峰競賽、MDRT。

10. 目標設定，自我獎勵。

(99) 業務好籤

這兩天許多單位陸續開工，新春拜團之餘也不忘祈福財神來報到。業務有順、逆之境，沒人天天過年，也沒人倒楣透頂，出門拜訪每天氣運是有落差，有拜有保佑，人之常情無可厚非。但業務運的好壞，還得建立在行動的基礎上，少了行動力，就算有好運，也非長久之計。而且有了行動力，就算氣運不佳，遲早時來運轉。

其實在辦公室打建議書最多的夥伴，業務成績應會不錯，然而過程中的挫折及失敗也不少，好運不見得上身，但好能量卻能金光閃閃，通體旺旺。

(100) 愛情可通吃？

昨天老婆問我：「我們結婚二十年了，還有愛情嗎？」

我立馬回答：「當然有，而且老而彌堅！」

老婆問：「真的嗎？」

我說：「那是當然！二十多年的婚姻可證明一切，我沒任何不良記錄。所以未來二十年更值得信任！」

老婆有點疑惑問：「我是指你儂我儂的愛情，就像去年花蓮海邊照的那張照片，兩顆心心心相印，比背後太平洋的海水還深，而不是你的婚姻記錄。老實說，經過前二十年婚姻生活，彼此消長很快，你快兩袖清風，而往後二十年你斷然不可能絕處逢生，本錢又不夠多，你的記錄絕對會繼續延綿千里。我指的是你我心靈的情感，是否能長長久久？」

我立馬正色回應：「那有什麼問題！鐵定天長地久，久到照片中的兩顆心都斜臥趴倒，無法站立；久到前面 LOVE 牌都生銹落漆，我絕不會變心。」

老婆笑說:「那我放心多了,也篤實多了!代表沒有麵包的愛情,試用在你身上完全成功。今年一例一休上路,物價有波動,本想加點零用錢給你,如今這筆小錢又可省下了,嘿嘿!」

(101) 業務是「存心」的事業

我們存善心、愛心、良心、耐心、信心、細心、貼心、用心、苦心 … 等,也就是將心比心,心緊緊串在一起,心有靈犀一點通,心心能相印,心中最軟的一塊,心聲共鳴的知音,心情的傾吐者。

總之,存乎一心,唯業務之首要在於心法。

(102) 正面的重要性

因為人性中有負面的因子,且很容易因環境的不同及心境的改變而張顯,如是在羣體中的宣洩,就容易感染到別人,就像感冒般,它是會傳染及擴大的,氣氛不對,士氣就會不振;如非個人而是一票人的宣洩,團體就可能因此快速的瓦解。我們都知道,砍一顆樹容易,但育苗造林卻是多年的栽培,團隊中多元的聲音應被聽見,但應是建設性的良言,而非意氣或心存破壞的散佈。

團隊能往前跑的速度,絕對取決於正面能量的多寡,愈旺加速愈快,就像高鐵一般,而車上的個體,絕對春風得意;但如果變成慢車或開不動的車,車上的人只能徒呼感歎,就算自己下車快跑,畢竟力道有限;最怕是倒退嚕的火車,車上人仰馬翻,私語流言亂串,有志夥伴苦不堪言,而負面氣氛的製造者自己也中箭下馬,絲毫無便宜可佔。

(103) 業務的「度」

來自專業度的自信;
來自親切度的培養;

來自信任度的提升；

來自成熟度的思維；

來自紮實度的訓練；

來自可靠度的服務；

來自寬廣度的資訊；

來自感應度的互動；

來自自然度的展現；

來自細緻度的研判；

來自挫折度的承擔；

來自關懷度的施予；

來自穩定度的掌握；

來自一百度的熱忱；

來自一千度的堅持；

來自一萬度的淬煉。

　　態度、高度、強度、硬度、熱度都是業務的「度」，「度」是業務的法碼，是銷售的段數，是拜訪留下的刻痕，一度一關是起步，五度五關職涯無限度。

(104) 視野

　　前兩天到嘉義、高雄上課，這回沒開車，且回程是搭國光客運回台北，坐在客運上看高速公路與轎車中的景象迥然不同，因座位高出許多，看的視野寬遠不少，尤其嘉南平原的春耕稻田，綠綠蔥蔥青色綿延，完美呈現美不勝收，鄉村景緻在客運中一覽無遺，這是過去開車時所沒有的享受。

　　同一條高速路公路，因高度不同視野也就不同。而 DS 是我們業務的通路之一，也是許多夥伴樂於嘗試的一條路，而且這條路如同高速公路般，能快速累積量能，短時間就能通達目標。但每位夥伴在拜訪過程中的感受卻不同，有些夥伴高速慢開，進展有限；有些夥伴超速行駛，卻險象環生。如果我們能

按規定的速度前進,再放高自己的位置,將平面所碰到的阻礙,透過高度所放大的視野角度,一躍而過,相信挫折感就會降低不少,心理的素質因而強化,而 DS 的美景即刻會出現在眼前。

(105) 難能可貴的學習精神

這星期連續四天某一區部上課,除了來了許多年輕的夥伴外,亦有不少資深主管共襄盛舉,老中青三代共聚一堂,透過學習希望在 DS 這塊著墨探究,期能多增加一項技能。

其實對許多資深主管而言,DS 應不是其最主要的業務通路,多年的業務經驗,都應有一套自己的業務模式,但為求新知,他們精益求精勤於學習,只為能充實自我,有機會將資訊傳承在組織的運作中。而其中有幾位是單位的處經理,整天的課程,從早到傍晚都聚精會神在教室內上課,尤其是角色扮演的時間,更是親力親為,與年輕的夥伴共同演練,全程參與全心投入,表現令人刮目相看,而學習的精神更是讓人敬佩。

(106) 退休還是養老?

退休是指無工作狀態的生活,生活資金必須靠工作期間的努力累積下來,以支應退休後的日常開銷。

而養老不同,主要指老年生活的安排及安養,意涵上並非全指金錢上的運用,亦含有生活品質的層面,也包括退而不休的活動機制,甚至也包含另外的工作領域。而保險事業可退而不休的養老,當年紀稍長時,不用離職不用請退,每天都可到辦公室養老,傳承經驗,作育人才,是單位中穩定的力量。就算不是高階主管,亦能參與團隊,充實生活內涵,雖然步調放慢了許多,但能持續服務客戶,當然還有收入,這種養老生活可是精采可期。

(107) 做業務要有點瘋狂!

記得十多年前聽一位年輕夥伴分享經營保險的心路歷程。他說剛開始做保險，各方面的條件都不夠，投保規定也搞不清楚，有一位桃園的朋友要買旅平險，當時是要親自簽名，所以這位朋友二話不說騎摩托車就去了桃園，簽回資料後立馬回通訊處處理，助理卻說要保資料有誤要重填，他二話不說又騎車去了桃園，但帶回的資料依舊有誤，而客戶第二天下午就要出國，所以當天傍晚上他又去了桃園一趟，回到台北都已經是月明星稀，但因手續已辦好，終於鬆了一口氣，隔天一早終於報帳成功。

一張旅平險金額不高，佣金也不高，但一股服務的熱忱卻能讓業務員不辭辛勞地兩地奔波，這其實就是業務的真精神，旁人看到覺得不可思議，但自己卻甘之如飴。一種他人無法感受的業務樂趣，卻是在潛能激發後，享受獨有的成就感。這位當時的保險新人，目前已是單位的 CEO，真可謂苦盡甘來。

(108) 再出發的「力」

業務員只要做業務一段時間，都可能有倦怠的現象。只要出門拜訪就提不起勁，凡事普普，一切能交待過去就算了，雖然單位中有競賽的機制，加上適時的訓練提振士氣，但如果效果不理想，又該如何自我調整？通常我會做的第一件事就是打掃，利用假日一整天的時間，先到辦公室清理自己的辦公環境，先讓辦公區煥然一新。而回家後開始又打掃清潔一番，尤其是廚房一定大力洗洗刷刷，潔淨的廚房讓自己心情也為之一新。

如許久沒運動了，也會開始邁開步伐，無論健走、跑步、登山或騎單車，來一趟汗水的洗禮，讓身心更舒暢。透過勞動與運動讓自己感覺不一樣，而一股新生的氣象卻油然而生，新的行動力量已橫空出世。

(109) 業務員的公轉與自轉

地球在固定的軌道上繞太陽進行公轉，一圈一年，年復一年，受太陽的光和熱，產生能量，滋養萬物，與其他九大行星形成以太陽為中心的銀河系。而地球本身亦自轉，一圈一日，日復一日，晝夜循環，陰陽互補，萬物生息交替，舊物雖已暗滅，新生則欣欣向榮。地球本宇宙自然的律動，有公轉亦自轉，方能讓萬物生生不息，此一模式其實讓人們有許多值得深思的意涵，而身為職場中的業務夥伴，又能領會多少大自然教我們的生存之道？

　　1. 無論公轉還是自轉，都要轉，滾石不生苔，行動乃萬物不變的生存之道。

　　2. 無論地球、太陽還是其他行星，都是圓球型，在轉動時的阻力最小。所以說，業務員處事能面面俱到，凡事能考慮前因後果。

　　3. 地球很大，但大不過太陽，得依太陽運行。所以說，業務員要能虛懷若谷，海納百川，絕不主觀行事，也不意氣用事。

　　4. 地球自轉，代表自身的能量。其實，每位業務員都有屬於自己能發揮的領域，千萬不妄自菲薄。

　　5. 同時繞太陽公轉的尚有其他行星。也就是說，業務員要能洞悉生態，了解客觀環境中的競爭狀況。

　　6. 銀河系中太陽為首，是整個星系的領導者，能量最大，但付出也最多，而其他行星各有軌道，並行不悖，和諧相處。

(110) 生命的線，打拼的線！

　　每個人的生命歷程皆不同，就像是一條線，線有長有短有粗有細，但更多時候，我們看到有些人，看似很長卻很快結束，看似粗卻愈走愈細；而我們也會看到有些人，將短線變康莊大道，將細線愈套愈粗，果是到盡頭，命運大不同！

　　身為保險業務的我們，相信我們人生的線，絕大部份起頭都不粗，因為我們非富二代，也非高又帥，但事業中卻有一種

因子，趨使我們在人生的道路上能否極泰來倒吃甘蔗，這因子就是業務員必備的「打拼精神」。

因為打拼，我們能左右命運，讓生命不再上天命定；

因為打拼，我們能自我提昇，將劣勢變優勢；

因而打拼，我們能脫離無助，生命中貴人無數。

(111) 不平衡的對戰

業務本是買賣的過程，我們是賣方，是推銷者，為能成交商品，我們多所訴求，但買方聽聽便罷，可不用多所理會。何況我們的商品並非奇貨可居，形態如此，買賣双方並非站在同一條線上。但成交是最終目的，如何能吸引買方的興趣，創造需求便是可行的方向，而一般進一步向成交挺進的有三種力：(1) 商品力 (2) 公司力 (3) 個人條件，也可說是個力的魅力。而此三項可談論的極多，變化也大，不斷地學習或是課程的安排才是突破巢臼的不二法門。

(112) 做業務就要主動，不然要幹嘛？

行動力取捨了業務成績的好壞，天下沒有白吃的午餐，也幾乎沒有人會主動打電話來要買保險，唯有業務員主動出擊，才有成交的契機。

「主動性」是保險業務必備的條件。而發揮主動性的方法很多，其中「沒事找事做」就是不錯方法。譬如知道客戶的想法、遭遇、需求、困難 … 等，如能提供資源或是援助，相信對方一定有所感受，無形間在人際存摺上就會登錄，而離成交保單就更近了。

(113) 熱忱

「熱忱」是每一位保險業務員必具備的條件，唯有熱忱才能展現行動力，有了行動力，事業就能揚帆啟航朝理想邁進。

而對事業的熱忱，來自心中高度的「企圖心」，而企圖心就是對未來職涯的願景及夢想所凝聚而成一股拍擊的「內力」，這股內力讓小溪涓涓不息，江水滔滔不絕，大河潮起潮落奔流到海，終能在大洋中捲風起浪，且捲起千層大浪，無堅不摧，攻無不克，戰無不勝！

(114) 戒菸四千天了！

【雖然】

身體胖了十八公斤，喝啡咖少了搭檔。在陽臺欣景風景，少了一份煙霧的浪漫，而手中始終總覺少了一樣配件，出門拜訪時也曾多次偷偷跑到咖啡廳吸菸區多吸兩口二手，以滿足空虛的心靈。而睡夢中更不知有多少次的菸夢仙境，暢快淋漓，起床後才知一切惘然。但我戒菸四千天了！

【但是】

從此三個一次的感冒沒了，全身的煙味也淡化了，口氣也清爽不少。最重的是十二年來節省了近四十萬的煙錢，這可是半部車的價格。而慶幸小孩目前亦不吸煙，身體腸胃的功能亦正常不少，手指甲上斑斑黑點也消退了。頭髮雖白了，而我的牙齒也跟着白了。

抽菸八千天，不堪回首！戒菸四千天，迎接新未來！

(115) 關係的那條線

線有粗有細、有長有短，有牢不可破的線，也有如蛛絲般輕柔的細絲。而保險業務靠人脈，其實也就是人際關係的線，當然愈多愈長愈粗是最好，代表量、質均優，如能善加運用，業績自能水到渠成。然而每位業務夥伴的自身狀況不同，所擁有的資源亦不同，尤其初出社會的新鮮人，面對業務的挑戰，更需在人際關係上補強，而補強的方法，亦就是業務通路的選擇與安排，以滿足短、中、長期的名單能量，然而業務夥伴在

通路的選擇上，以如今的市場競爭情況而言，不再只能單一發展，能多備一、兩條線是需要的，所以必先檢視目前的名單狀況，如真不超過一百位或互動不錯的不到五十位，就必然要增加通路的線，不論轉介、隨緣或陌生市場，都是需支援手中名單的方式，如此一來，我們關係的線才會由無變有，由少變多，由細變粗，由主幹到分枝，開枝散葉開花結果。

(116) 業務員的地球村

美國大選結果顯示保護主義抬頭，儼然成為主流的政治正確。且不論政治的風向如何發展，但身在商業領域中的我們，是個完全競爭的市場，沒有政策會刻意保護我們，保險業務的生存法則，就是不斷提昇本身的人力條件，除勤跑客戶外，如何能不斷修練自我，強化內涵，才有勝出的機會。政治是個擺鐘，一會兒東一會兒西，盪來又盪去；但商場卻像掛鐘，時間在秒、分、時針中競走，一圈又一圈無止境地向未來跨大步，我們只能跟時間賽跑，轉出滿身大汗，氣喘如牛，然而事業卻開始出現「轉」機，透過轉機帶動生機，迎接商機。

(117) 團隊

1. 智慧的共鳴曲，奮進的交響樂。
2. 行動的大本營，修練的好基地。
3. 溫暖的大家庭，挫折的養心殿。
4. 規範的指揮所，領導的養成處。
5. 業務的出發點，業績的集中地。
6. 人才的培養皿，組織的複製區。

(118) 通縮

報載社會新鮮人的起薪比去年少了一千多元，降至二萬六千多元，原因是許多企業主會考慮未來經營的成本，以致先

反應在人事的開銷上。這不由得讓我想起日本二十年多來的「通縮」的情況，如果臺灣也走到這條路上，是否也代表現在的幣值應跟二十年後差不多。而許多人強調台幣會愈變愈小的狀況可能會出現平行或反向的變化。

如進一步再深究，目前購買保險所存的錢，透過還有 2% 的複利滾存，二十年後反而有雙重的利基：

1. 沒錢變有錢

2. 小錢變大錢

所以說，現在保險存的錢，不僅能抗通膨，也能在通縮的趨勢下，放大金錢的價值。

(119) 有「保」斯有財

地價稅提高沒人會高興，在荷包失血之際，聽說明年的房屋稅也會增加，且新聞說許多房東想將成本反應在承租戶上，順勢調高租金。

在台灣地狹人稠，幾十年來經濟活動發達，收益帶動土地價值，有土斯有財的想法有其道理，但在未來的狀況真會如此延續下去？我認為會有大幅度的變化。有幾點原因：

1. 少子化導致人口不斷銳減，已是是長期的現象。

2. 政府打房不會放鬆，因有政治的考量。

3. 都更的速度太慢，老舊地上物無法有效帶動土地及房屋的價格。

4. 有資本的移入人口太少。

5. 現今房市共需失衡，空屋率太高，需長時間消化。

6. 房市交易缺乏投資的功能，自用住宅的交易無法帶動房市價格。

7. 某些直轄市的人口在減少，市內房價有走跌趨勢。

8. 國內的低經濟成長率及低通膨及低利率，也是房價拉不高的原因。

　　然而，保單的增值性、穩定性、安全性、長效性及免稅價值，卻在相較之下凸顯出來。所以在未來，國人三大投資理財管道(房地產、銀行定存、保險)中，保險的比重應會愈來愈大，何況高齡化的人口結構，養老的錢應有高度的變現性及年金的功能，房地產辦不到，保單卻功能完整。

(120) 賺錢為業務之本！

　　講一句現實的話：「賺錢為業務之本！」業務單位絕對是業績掛帥，每天所談、所要求的不外就是數字，而數字就是 Cash，所以我們業務員對賺錢這檔事，可不能敬鬼神而遠之，更不能視錢如糞土；錢雖有銅臭味，但如業務不談錢，一切將如空中樓閣言之無物。

(121) 台灣會「負利率」嗎？

　　有可能！這兩年美國聯準會升息兩次，但央行聞風不動即知狀況，因為台灣的經濟面有追隨日本的影子，而日本為鼓勵百姓消費，不惜祭「負利率」政策，只因東方民族都有儲蓄習慣，未雨綢繆有備無患是民族性，但經濟發展要有資金，而民間就是最大的資金庫，所以能有效廹使金錢出籠是升高 GDP 很重要的因素，這跟美國寬鬆政策又不太相同，因為美國銀行人民存錢的金額沒有這麼多，只好政府印鈔票了，然而美國本身有內需市場，供給能帶動需求，生產→消費產生良性循環，加上科技產業及國際企業的帶動，能發揮一定的效果。

　　只是以日本的現況而言，錢從銀行出來不少，但有很大一部份擺在保險箱了，為什麼？因為日本是超高齡的社會，留底防老很重要，因此消費保守，日本政府要達成通膨率2%都很困難。而台灣也應會如此發展，只是錢拿出來是買保險箱還是生產、消費就有國情之別了！但相同的是，我們也邁向超高齡社會；不同的是，我們的出生率比日本還低。

(122)「事業天堂」希望能遠一點點！

「天堂」代表一種人生追求真、善、美的境地,「事業天堂」也就是事業登峰造極的最高處。對業務工作而言,夥伴無不希望早日能一舉登廟堂之美,體會及享受最高最美妙的事業境界。

其實,事業最好能一步一步進行,面對職涯設定短、中、長期的計畫,按部就班是最理想的模式,因為在奮鬥的過程中,基礎的奠定至關重要。其中,基本功的訓練需要一點時間,而過程中面對問題的處理及心態的改變,也是身為業務員應有的學職技能,但如果太快,以目不暇給的速度挺進,數字上很亮麗,抬頭上很風光,但心中總有一些不踏實感,況且太早達成設定完美夢想,能夠精益求精的空間就小了許多,再進步的空間就有限了。

業務的工作,是一細水長流的事業,我們設定每季每年的目標,不原地踏步,當然也不可能空中跳躍,應先培養實力,配合公司階段性的計畫,也與單位主管溝通協調,釐訂屬於自己最佳的策略,「事業天堂」總有一天會登頂,屆時才是業務最真最美的時刻。

(123)《燒肉粽》

寶島歌王郭金發一曲未完,倒在舞台上,《燒肉粽》從此成為絕響,其人令人感佩,其音令人懷念。每次聽《燒肉粽》的歌聲,總會想起小時候只要聽到遠遠《燒肉粽》叫賣聲,心情興奮異常,雖然離夜近了,但莫名的飢餓感就會出現,不吃一粒就是心有不甘。此時,叫賣聲音離家愈來愈近,香氣陣陣飄來,心中總期待母親的召喚,只要一聲令下,二話不說拿錢就衝,賣肉粽的阿伯一看我出來,順手幾個肉粽報紙一包全交給了我,回到家兄妹一人一粒,吃的比晚飯還香。

四十年前,台灣剛邁入小康社會,還算不上富裕,三餐溫

飽尚可,但要常有額外的驚喜,譬如宵夜、下午茶點,可說可遇不可得。而吃肉粽、聽《燒肉粽》是我如今記憶最深的回憶,總覺得那段學生的歲月,因升學壓力喘不過氣來,能吃上一粒香噴噴的肉粽,立刻加碼兩小時的夜讀,所以說吃肉粽對我讀書而言,雖沒啥功勞,但苦勞可不小。

好的歌曲,不僅要旋律優美,歌詞動人,還要能配合大環境氛圍,才能真正的深入人心,流傳百世。而《燒肉粽》在寶島歌王的口中唱出,是一種感動,是一種回憶,對更多離鄉背井的人而言,聽的是暗自垂淚的鄉愁,一股異地惆悵的情懷,更有出人頭地的打拼精神。

(124)「老」

明天重陽節,也是敬老節。「老」是人生的過程,代表年歲的增長,當然也代表心智的成熟,雖然體力不復當年,但智慧過人,俗話說:「老驥伏櫪,志在千里!」人老心不老最重要。高齡化是社會趨勢,但我觀察現今許多六十五歲以上的人,體力尚好,半馬全馬都是一馬當先,且人生經驗及智慧卻在頂峰,如在此時退休,實在可惜!企業如能善用它們的智慧與經驗,加入智囊團,貢獻一己之長,給付不一定要多,就能創造更高的邊際效應,而這些人也應是團隊中最穩健安定的力量。

我高中時有張老師信箱,當兵時連隊中有輔導長,都是心理諮詢的好對象,企業如能運用此一功能,對企業的發展一定大有幫助。

(125) 業務員的微笑(寫在世界微笑日)

如我觀察沒錯,社會各行各業中,最會微笑的應是業務的工作,尤其是保險業務員。原因無他,因為我們是服務業,每一位夥伴都是發自內心而展現最愉悅的神情,不矯情不做作,沒有僵硬的假臉色,只有率性的真性情,因為我們的工作以愛

為出發點，幫助每個人每個家庭享受幸福安康的生活。

「笑」拉近了人與人之間的距離，保險業務員的笑每天都在世界任何角落發生，生動了人們的生活，如果今日世界少了我們的微笑，將會褪色不少。

(126) 習慣就好

體重直線上升，直奔九十大關，再不懸崖勒馬，將可能大病當頭，老病纏身。上星期開始，重操舊好，騎上鐵馬青春行。但這回騎的可是單速車，無法變檔還沒關係，困難的是，上路就無法停下踏板，因為後齒輪無法暫停轉動，唯一煞車的功能就是用力反向踏板，但並非能馬上煞住車，還好附前手煞車，要不然安全堪慮。前兩天騎下來，操作很不順暢，一路槌槌半路卡卡，一顆心七上八下，兩隻腳左右不分前後一致，手忙腳亂後終於到了家。但後幾天就順暢多了，騎乘時間一天一天的縮短，速度也能維持正常的狀況，已能習慣它的操控模式。

其實反映在業務通路也是一樣，每種通路都有其技巧面，雖然不全相同，但只要用心嘗試，多花一點點時間，就能運用自如，且能習以為常，困難度下降，成功率就上升了！

(127) 透過業務自會找到生命的出口

社會上許多大老闆早些年都是業務出身，但經過多年的市場磨練，身經百戰，異軍突起，成為業界響叮噹的人物。但仔細探究，我們會發現當初這些成功的老闆，並非每個人都是心甘情願與業務為伍，只是環境使然，不得不向現實低頭，為了生活埋首打拼，再多的顧慮都必須拋諸腦後，何況面子又不能當飯吃，整頓心情，重新面對人生的未來。

但人在做天在看，業務雖然辛苦，只要不偷不搶，業務不僅能創造財富，且有高度的成就感，工作的樂趣油然而生，事業也因此奠定基礎。我曾認識一位保險公司的協理，雖位居管

理職，他私下透露，最喜歡的工作還是賣保險，提到業務時就口沫橫飛，故事講不完，滿臉是自信的神采，好似業務已經是生命中的一部分。

業務就是「事業務實」，實實在在去做，老天爺自然會給一扇門，上帝也願開一扇窗，佛祖更會保佑。

(128) 你累了嗎？

身為保險業務員，我們：

累不得！為了前程，還有不止一哩路得走。

累不怕！為了夢想，縱有叢山峻嶺不怕難。

累不壞！為了心願，胸有一口豪氣壞不得。

累不歇！為了成功，生有雙手雙腳不停歇。

(129) 平均年齡

報載最新國人男女平均年齡為八十歲強，而其中台北市居冠，達 83.1 的高齡，而再過兩年，2018 年全台超過六十五歲的人口將超過 14%，屆時台灣正式進入超高齡化社會。

所以，老化不僅是社會問題，也將帶來經濟面的負擔，其中整體醫療的支出將不斷擴大，因為退休後到醫院看病的次數也因平均年齡的延長而增加，就診的病況大小不一，醫療費用也加大。影響所及，現行的健保保費未來一定會再增加，加上未來醫院可能出現的大科醫生荒及護士荒。可以想像，退休後的醫療品質應只能原地踏步。所以說，要能保障退休生活的醫療品質，增加商業保險的質與量有其必要。

(130) 你生「氣」了嗎？

1. 氣勢～一夫當關、渾身是勁

2. 氣力～一鼓作氣、腳不停歇

3. 氣魄～戰魂上身、永不認輸

4. 氣象～神色雍容、大度氣派
5. 氣度～放下身段、有容乃大
6. 氣味～口條清晰、動作到位
7. 氣憤～火冒三丈、力拔千里
8. 氣溫～陪暖升情、熱情展現
9. 氣息～感覺敏銳、進退得宜
10. 氣定～淡定心情、從容不迫

(131) 難得、難得，有難才有得！

闖過難關，才得標！

無懼難堪，才得志！

歷經難過，才得心！

承擔難為，才得勝！

不怕難色，才得意！

因有難度，才得助！

(132) 榮譽與犧牲

我當兵時有四個月在高雄燕巢接受工兵士官訓，班上有一位海陸仔(海軍陸戰隊)來支援受訓，他的軍服是土黃色的，與我們草綠色的軍服不同，雖然受訓期間也換穿草綠服裝，但休假出營區，一定穿回筆挺的海陸正式外出服，加上一頂墨綠色大盤帽，雄糾糾氣昂昂，弟兄們一起在高雄市區休憩時，他也絕不換回便服，他常說：「海陸就是不一樣，走在路上有風，我以這套軍服為榮。」他又說：「我是服三年義務役，被操得很兇，尤其在演習及下基地時，日子難熬，分秒難過，都有生不如死的感覺，但如今走過了二年，很值得！因為再過一年之後，我就可以跟別人說，我是中華民國海軍陸戰隊退伍的。」

他講的這段話，我一直銘記在心，退役後就學就業，我一直希望能在奮鬥的生涯中，創造使命必達的榮譽感，因為我知

道那是生命中重要的核心價值。二次大戰時，日本有神風特攻隊，無畏的必死精神，犧牲小我以完成大我，高度的榮譽感是其拋頭盧灑熱血的支撐力量。所以，我想「榮譽感」絕對是軍人魂魄的先絕條件，但背後的犧牲奉獻鮮為人知，出操訓練沒天沒日也沒完沒了，不合理的磨練在咬緊牙根中養成心志，一點一滴才能培養出軍人死戰的精神，也才能一聲令下，義無反顧地在戰場中衝峯陷陣，保家衛國，讓老百姓安居樂業。

(133) 從 2008 金融風暴看 2017 就業風潮

報載郵局招考郵務士，居然有十四位博士及二千多位碩士報考，可見鐵飯碗依舊亮眼。這事讓我回想起十年前的金融風暴，那時百業蕭條，尤其是股市淒風苦雨哀鴻遍野，當時最低點只有三千多點，約是現在股價指數的 1/3 強，不論是法人、實戶或是散戶，任誰都不敢進場，金融環境就像寒冬冰雪，久久聞不到春天的氣息，但就在國內外冷到不行的時候，開始有一小部分的人危機入市大膽進場。如今看來，那一批股市的領頭羊，也應是獲利的先驅者。

如今 2017 台灣，失業率雖不到 4%，但 20~39 歲的失業率在 8%~14% 之間，鐵飯碗的工作又再度成為年輕人的最愛，擠破頭地想擁有一席之地，但畢竟僧多粥少，失望的人佔絕大多數。其實，我的看法很類似前面 2008 的金融風暴時許多人的逆思考，事業真正的價值，並非單指是被保障而無後顧之憂，工作的成就感及未來發展也應考慮清楚，無論是在公領域還是私領域，自我人力資源的被充分運用才是重點。而目前不景氣的就業市場，在某一種程度，正是自我展現智慧及突破極限的好時機，就算開始的收入低，走過景氣循環，否極泰來，相乘倍增的效果就會發生，我相信那時每月 5、6 萬已經不是我們的菜，如何向郭董看齊才是心之所向。

(134) 選擇

　　這兩、三個月以來，社會上增加許多抗爭團體，細看原因，大都跟本身職業現在及未來的權益有關。我一直認為，選擇真的比努力更能體現生活的現實面。我相信抗爭的團體在他們現在或過去的工作中，絕對努力不懈，克盡職守，任勞任怨，打拼自己的人生。但天有不測風雲，環境有不測的變化，今非昔比，始料未及，遠遠超出自己的想像。所以，文武百業中，選擇入行真是一門學問，也是一種藝術。能兼顧現在及未來的發展，才能穩若磐石。

　　而自己回首多年的業務之路，心中卻有更篤定的安全感，努力的衝，拼命的做，市場雖有冷有熱，但一切能操之在我。所以說，「選擇」真的很重要！

(135) 人若精彩，天自安排！

　　「精彩」兩字是許多夥伴期待的業務生活，期許工作中樂趣橫生，驚奇不斷，雖知前有重重難關，但過關斬將不落人後，雖然全身是傷，但練就一是膽；雖然內心有痛，但心有無懼，走過高山低谷，看見精彩！

　　「精彩」是我認為形容業務生活最恰當的兩個字，因為：

　　1. 有 Case 成交，精彩漂亮！

　　2. 新夥伴加入，精彩可期！

　　3. 升級獲獎，精彩可賀！

　　4. 上台演講，十分精彩！

　　5. 舉辦活動，絕對精彩！

(136) 排班與插班

　　昨日下午與夥伴相約桃園火車站進行實作，因早到二十分鐘，遂在站前等候，眼前一輛接一輛的計程車，正等待出站的人潮，我約莫算了一下，加上左後方兩排等候的計程車，約有

三十輛的計程車在排班，平均兩分鐘會有一組人搭乘，所以每排一次班約要一小時，如果是專做排班的生意，加上來回車程時間，約 1.5 小時循環一次，一天下來，頂多七、八趟車，扣除所有的成本，假設一趟淨賺 150 元，一天的工資約 1,000~1,200元之間，扣除休假，每月 30,000 元不到，如再計算車輛的折舊，所得真的不高。

其實，我們業務員每天也都在排班行程，所謂一日三訪或五訪，充分運用箱型時間，希望天天能滿檔，週週沒空檔，月月滿載而歸。然而業務員主要不同點，在於主動出擊的精神，我們不等待，一切操之在我，尋尋覓覓人群中的機會，看見市場中的藍海，我們可排班於既定的行程中，更可插班於時機與商機乍現時，雙腳一躍，快步向前，捷足先登，班班相連到天邊。

(137) 景氣背後的因應之道

上星期我們的景氣信號終於由藍綠燈轉為綠燈，代表經濟有復甦的跡象，但許多的研究單位，卻直指 2017 GDP 要保 3 是有難度的，而且更預判明天甚至後年都可能只在 2% 左右游走。如果研究機構的預測沒有太大誤差，代表爾後的兩年，老百姓口袋的收入應與現在差不多。如進一步剖析來看，台灣的產業結構中 2/3 是服務業，1/3 是製造業。我個人認為製造業的變化應不太大，因為政府資金已決定投入公共建設，一方面拉高經濟成長率，一方降低失業率，而工業區內的許多產業，更是政府不能輕忽的重點。

而服務業就會有很明顯的強弱之分，尤其中小企業佔多數的服務業，雖大多是處於內需市場，但這兩年國人消費意願並沒有因為利率走低而提高；相反地，更有的人將資金存於在更安全的地方。政府的年金改革，不論將來結果為何？只說明政府的錢不夠，已看到也算到到各基金破產的年限，在不加稅或無法透過經濟成長增加國庫收入的情況之下，年金重分配是手段。

但愈是大動作的年金改革,而老百姓的消費會更趨保守,而靠消費支撐的中小服務業,其上中下游都可有連鎖的影響。這些的現況及未來變化,也是身為服務業一份子的我們要隨時注意的訊息。

(138) **年金勝利組**

年金改革在國內鬧得沸沸揚揚,公說公有理,婆說婆有理,有理還是無理至今沒理出一個道理。但我深知一個真理,年金之所以需要改革,只說明我們的經濟狀況不甚理想,而可預見的未來,也應是好不到哪裡,但國人壽命在延長,高齡化的速度又快又急,在無法開大源的情況下,節流勢在必行,而節流一般是指降低不當支出,所以年金的重分配是其手段之一。

政府想的或是要做的,理應與我息息相關,但沉下心來深思,又像天邊彩霞遙不可及。雖然十幾年後我將屆齡退休,但老實說,勞保退休金一個月能拿兩萬或是三萬,並非是我生活中很在乎的事;反之,而如何能在退休前再努力加油一下,如何多賺一些錢,也多存一些錢,卻是我滿腦子在想的事,只因萬事不求人,尤其是錢的事,靠別人只能聽天由命,靠自己才能萬無一失。想想看吧!如果希望退休後,能夠:

每天養身樂活,SPA 只算時不算分;

每星期家庭聚餐,菜單只看左不看右;

每月五星級飯店入宿,房價只看萬不看千;

一年出國兩趟,地點只看遠不看近。

真能如此,靠政府真的很難辦到!但很慶幸,我們是業務員,靠我們雙手雙腳的拚勁卻能闖出一片天,成為真正的年金勝利組。

(139) **秘密**

太座昨天在沙發上說:「假設年底把永和的房子賣了,按

目前中古屋的行情應有一千兩百萬的價值。而這一千兩百萬如透過銀行貸款，就有機會在台北市蛋白區買兩千萬的房子，我住天龍國將成為事實。」

我則馬上表示：「這一千兩百萬我建議不再買房子，台北房價偏高，買房吃力且增值的空間低，但台北市租金不高，一個月三、四萬的租金，已經可找到不錯地段的房子，且坪數又比原永和要大。何況一年租金五十萬不到，一千兩百萬可用二十四年，且非一次付清，剩下的錢可挪到其他管道投資，擺在儲蓄險也不錯。要不，可當退休後養生村的費用。」

太座突然回過頭對我說：「葛先生，永和房子已經是我名下，我自會安排，這事離你很遙遠，不要想太多，也不用你說三道四東拉西扯，依你目前的身體狀態，還能提到養生村，不過你倒是提醒我一點，我必須多準備一個方案！」

「甚麼方案？」

「這是秘密！」

(140) 業務的「中心思想」

國父孫中山先生說過：「大凡人類先有思想，有了思想會產生信仰，有了信仰會生出力量。」所以說，思想是一切力量的源頭，大到政府恪遵長治久安的政策釐訂及依法行政的精神，一般企業應有永續經營的理念及責任，小到平民百姓謹守做人處事的原則及道德規範，大夥同心協力打造未來，向上提升的道路上，我們才能不偏不倚，永保安康。

我們是保險業務員，「中心思想」的鞏固至為重要，因為我們的行動綱領是透過「中心思想」來完成，業務目標的達成與否，也端看「中心思想」貫徹的程度。雖然中心思想可能是一些老調牙的價值，都談成千上萬次了，但依舊放諸四海皆準，就像世界無論如何發展，人每天都還得吃飯求溫飽，少了它，身體就少了力氣。我記得讀高中時，每當朝會結束，值星老師

都會帶同學們念一段「青年守則」，當時覺得索然無味，但從事業務工作至今，這十二條守則卻像是生命中一部分，無形中不斷影響我的工作態度，也幫助自己在事業經營中，把守許多關卡，沒失去份際，擁有原始的初心。

(141) 「業務」不只瀟灑走一回，且能完勝走一生！

出社會工作，順勢時自然張揚啟帆，但也可能遭逢逆境，有些人兵來將擋，有些人船到橋頭，但許多人會未雨綢繆，多個備胎，以求職業生涯無後顧之憂。

今天已是多元的社會，人與人之間會有競爭，人跟科技之間更是兵戎相見；而可預見的未來，人的勝算愈來愈低，而科技的勝算愈來愈大，如何能自處其中，不懼變化？工作替代性的高低是關鍵，也就是說，替代性愈高的工作，愈有半路改道的風險，但萬一本身沒道可改，就只能自求多福。

而業務的工作，歷經重重考驗，練就自己一身功夫，上山下海不求他人，包山包海但求自己。電腦、機器人永遠冷冰冰，而我們永遠加溫人與人間的情感，體恤人的悲歡離合酸甜苦辣，在人們心靈最深處看見我們的身影，這種工作科技辦不到，而我們勝任愉快責無旁貸。

(142) 向下紮根

葡萄要甜，水份不能太多，原因在水份一多，葡萄的根就會大量吸收水份，而向橫面方展，如果水份不多，葡萄的根就會努力向下伸展，尋找水源，也因此可以獲得更多地底深處的礦物質及不同的地層養份，而結出的葡萄才會碩大果甜，而釀出的葡萄酒才會醇郁氣香，成為酒中極品。而本身的葡萄樹因根深蒂固，而能歷久不衰。

而業務亦然，要不斷向未知探索，朝專業挺進，周遭的各項資源，你擁有的，許多人也同樣擁有，表現之所以不同，在

於不只是善用資源，更能轉化資源為己身可用的智慧，化智慧為個人的風格及特質，而展現於外的就是一種魅力及影響力，當然「成交」的果實就像長長的葡萄串，令人稱羨。

(143) 向上結果

植物開花結果不能少掉陽光的滋潤，而大多數的植物受光面積愈大的部份，其花果的狀態愈理想。也就是說，要能找到碩大飽滿的果實，非垂手可得，應是離地愈遠的高處，因為它們直接攤在陽光下。

業務何嘗不是如此，我們自己就是一顆樹，有水有空氣，還要有陽光進行光合作用，才能變成一顆真正的大樹。而陽光所代表就業務夥伴正向的思唯，能放大正面的想法，就如同吸收更多陽光，自己才能不斷茁壯，加上向下紮根的深度及行動的氣力，我們也能進行光合作用，讓業務發光發熱，業績開花結果。

(144)「固」字

2017 年末了，一年過的真快，無聲無息中，又到歲末年初之際，對保險夥伴而言，如用一字代表，我認為「固」字有其意義。

1.「固」有固本之意，穩健向前，前方雖有挑戰，我們穩紮穩打。

2.「固」有懷舊之員，而懷舊非走回頭路，代表的是在思維上應能回到原點，燃起初衷。

3.「固」代表牢靠，不斷強化個人及團隊基本功的訓練，厚植實力。

4.「固」代表建立團隊的向心力，鞏固核心價值，以不變應萬變的抵抗力。

(145) 奪金之路

奧運奪金讓人感動，選手四年沒天沒日地苦練，終於在那一瞬間，汗水化成淚水，心血成為熱血，果是台上四分鐘，台下四年功，沒有僥倖，只有迴盪著過去的辛酸血淚，但伴隨的榮耀卻是最美的果實！

每屆奧運會，我都會想起電影「火戰車」的主題曲，這首主題曲是我當兵當任播音員時早上軍官團晨跑的配樂，整齊的步伐，配著鼓舞的音律，一股強大的力量襲面而來，像似一陣狂風在大操場中快速運轉，加上「答數」的爆發力，那是力與美的畫面；尤其是在寒風細雨的早晨，雨水汗水交織的跑步聲中，火戰車點燃大家的鬥志，最後衝刺的四百公尺，一個個奮不顧身的身影，在眼前奔跑跳躍，衝破終點時的嘶吼吶喊，是勝利的歡呼，我享受哪種振奮人心的感覺。

我慶幸退伍及學校畢業後，成為一位保險業務員，在業務奮鬥的過程中，就是一場場的競賽及挑戰，類似奧運的舞台，能讓我們默默耕耘，更讓我們披荊斬棘勇往直前，像火戰車一般向金牌招手，向榮耀挺進！

(146) 業務的「眼前」與「眼界」

眼前代表舉目所望皆能入鏡，雖能步步為營，但卻無法預測眼後的發展，透視未來。然而事實是，幾乎沒有人能百分百預測將來未知的變化，如何能將變化拉來眼前一覽無疑，眼界的加寬卻是自我能夠強化的領域；也就是說，不斷接觸不同的人、事、物，增廣自己的見聞，充實本職學能是研判未來方向的重要參考因素。

而業務工作更是要能不斷電的充實橫向資訊，包括利率、匯率的升降，各國保險業的現況，經濟景氣的訊號，資金的流向 … 等，雖然跟業務工作不見得有直接的關係，而這些卻像望遠鏡般能幫助我們將更遠的發展拉到眼前清晰可見，讓我們了

然於胸健步如飛。

(147)「銷售」與「行銷」的不同

有人說「行銷」講策略與管理，在層次上應涵蓋「銷售」。因為「行銷」是企業整體作戰的佈署，強調戰略戰術的通盤運用，期能透過作業規劃，由上到下達到行銷商品的目的。而「銷售」泛指個人式的訴求，較重視戰技戰法的運用，最終達到消費者接受商品的目的。

而保險業務，雖大都屬個人式的銷售，但站在市場最前線也是這一群業務尖兵，他們對市場的敏銳性及嗅覺，可要比公司行政單位強多了，一有風吹草動，馬上就能知道市場在哪裡，敵人的任何訊息，也逃不過他們的法眼。透過業務員在市場上的衝鋒陷陣，上層才能做出更正確的決定，這是由下到上的決策模式。

所以，「銷售」與「行銷」雖有不同，但我認為以「市場」為導向的模式，才是最重要的，畢竟兩者都有「銷」字，而「銷」的去處就是市場。

(148) 服務為銷售之本

保單服務是建立業務口碑的開始，但好的服務非口號，而是個人耐心及細心的高度展現。耐心是指不厭其煩的服務精神，能持續有效維持高的服務品質與時效。細心是指能照顧客戶的權益，於法有憑，據理力爭，建立保險人與客戶間的良好溝通橋樑。

(149) 新生命體

不知道是自己的淚腺老化了，還是感情線經不起人事物的刺激，只要看到電視中生離死別痛不欲生的畫面，觸景生情心中一寒，眼眶總是泛紅，雖男兒淚還沒留下，但男兒已不再是

鐵石心腸。心想,這些事要是發生在自己周遭怎能辦?我能消受嗎?

我發現,人愈老膽愈小,凡事總是瞻前顧後三思再三思,對家人出遊總是交代再交代,深怕任何風吹草動一來,我們的情感承受不起,因為過程投注太多愛的養分,生命不再是一個個體,而是水乳交融的「新生命體」,家人彼此扶持缺一不可,總希望大夥平安到老。但老病死是常情,沒人能脫離這個循環,尤其是當有人提早離了隊,「新生命體」將接受無情的打擊,呼天喊地心亂紛雜的同時,新生命體危在旦夕,但如果此時有完善的保障規劃,新生命體就能馬上回到正常的生活,找回新的相處模式,再造一個新興生命體。

所以說,新生命體是一個有情有愛的法人機構,能讓「愛」與「情」滋生傳承,如能加入「保障」的元素深入其中,新生命體更能不懼傷害及離異,永遠透著溫暖!

(150) 回到 25 歲

可比在現在年輕了 30 歲,立馬就嗨起來了!如果這是事實(單指一個人的情況),往後的 60 年,我應會在所得及財務上更不同於過去的規劃:

1. 前 20 年 (25-44 歲)～賺 3,000 萬,生活用 1,500 萬,存 1,500 萬,這個階段「努力賺錢」。

2. 中 20 年 (45-65 歲)～只賺 1,500 萬,生活用 1,000 萬,只存 500 萬,但本利加總共存 3,000 萬,這個階段「努力存錢」。

3. 後 20 年 (66-85 歲)～不用賺一毛錢,但已存 3,000 萬,這個階段「努力花錢」。

算算退休後每月花 10 萬元還有剩,且不用承擔一塊錢的風險,能不讓人心動嗎?其實,保險的退休養老規劃辦得到!

(151) 淘醉在保險事業的成就感

1. 它有事業規模，領航團隊勇往直前。
2. 它有事業價值，濟弱扶傾捨我其誰。
3. 它有事業深度，說文論理專業導向。
4. 它有事業寬度，與人結緣親疏一家。
5. 它有事業樂趣，財務無慮休而不退。
6. 它有事業挑戰，激發潛能造就不同。
7. 它有事業真情，夥伴相挺無私奉獻。
8. 它有事業長效，細水長流日起有功。

廟堂很美，因為保險事業淬煉心靈，讓生命發光發熱。

(152) 保險生命內化

昨天課間有位夥伴問我：「保險業務可不可能工作的時間努力工作，但下班之後就做自己，回歸原來的個人特質。」我說：「當然可以，那叫半個保險生活化，因為保險事業無法內化為生命中的重要的驅力及使命感。也就是說，那就只是工作而已，當然我們盡守本分，保險事業一定能餬口飯吃，但久而久之，卻有食之無味提不起勁的感覺。如要事業能完全生活化，我們必須深刻體認保險是一種愛、責任與關懷的內涵深度，我們責無旁貸，將人群互助的功能發揚光大，雖然過程中有阻礙，會不斷碰到挫折，但幫助人的心二十四小時充溢在內心深處，慢慢成為生命的內化因子，已常駐在身體內，無形間人格改造開始發生，自己因事業生命內化的根本改變，展現出來的是生活中的習慣，保險話題已能談笑風生，無拘無束，而保險事業也因完全生活化而帶到另外一層豐富的領域！」

總之，保險生命化，才能保險生活化！

(153) 十項鐵人

只要我們完成鐵人三項～
1. 鐵定面對挑戰參與全程

2.鐵定有始有終跑到終點

3.鐵定不曲不撓突破紀錄

只要我們十項全能～

一能：一心一意

二能：双腿能行

三能：每日三訪

四能：每月四件

五能：武藝超羣

六能：週做六日

七能：能屈能伸

八能：耳聽八方

九能：歷久不衰

十能：實實在在

別人「鐵人三項」或「十項全能」，我們是「十項鐵人」！

(154) 保險就像「氣象預報」

現代人生活不能脫離氣象報導，不論是今天明天，還是下週的天氣狀況，氣象預報已成為各行各業不可或缺的資訊，而且氣象的準確度愈來愈高，頗有在家不出門，能知陰晴事的能耐。

但天氣好壞卻不由人決定，但由老天一手安排，晴時多雲偶陣雨都得看上天臉色，我們還沒有呼風喚雨的本事，所以天氣帶來的影響層面大小，人類科技尚無法評估？也就是說，對我們造成的傷害多大？何時會來？會哪個地區發生？會造成甚麼後果？我們皆無法測知，像極凍寒害、酷暑缺水、疾風驟雨、閃電雷擊，明明知道會來，我們只能預防，高度警戒。但預報制度科技發展，我們卻能防範未然，讓傷害降到最低，就像這回「尼伯特颱風」來襲，台東百年來最強的颱風直撲境內，台東重創，

農作及百姓財產損失不小,需要一段時間的復健,但人命的傷害卻能降到相對較小的程度,相信絕對有「氣象預報」的功能在內。

而保險就像「氣象預報」,它能降低風險消化損失,因為生活及生命風險一直存在,何時發生?何處發生?大小如何?甚麼方式?我們一概不確知,但風險管理及規劃卻是我們能做的「事前」準備,凡事先瞻前再顧後,才是現代生活哲學。

(155) 500 萬 →1,000 萬 →2,000 萬 →?

記得民國八十年代,那時我才 28 歲,當時的財經雜誌就曾報導退休時要有 500 萬現金,每月銀行利息 4 萬加上勞保退休給付,日子應該還不錯。

十年後,我已經 38 歲,但利息一直降,財經雜誌也曾報導退休時要有 1,000 萬現金,每月銀行利息 3 萬加上勞保退休給付,日子應該不難過。

再十年後的民國 100 年,財經雜誌又報導退休時要有 2,000 萬現金才夠,每月銀行利息 2 萬加上勞保退休給付,日子應該可以過。

如今,民國 108 年,我已經 55 歲,再過十年左右就要退休了,開始領勞保月退金,但研究機構說勞保基金到民國 117 年會用完,但那時我才剛要退休,加上銀行利息如果是「零」,如有 2,000 萬就要吃老本了,就算還有錢,但只有出去,沒有進來,日子看著過!

不過還好,我二十九歲進入保險業,也因工作提前作了一些規劃,就算銀行是「零」,也因儲備了一些養老帳戶而踏實不少。

(156) 我認真算了一下!(續上篇)

繼上篇「 500 萬 →1,000 萬 →2,000 萬 →?」之後,我認真

算了一下，六十五歲退休後：

　　假設銀行利息真的是「零」；

　　假設勞退金真的出問題；

　　假設我真有 2,000 萬的現金；

　　假設我退休後真的有三十年的日子要過；

　　那我跟我太太一年能動用的錢是 66.7 萬 (2,000 萬 /30 年) 平均每月 5.5 萬，每人 2.8 萬可用，當下的感覺還不錯！但仔細想想，未來的生活變化又快又大，著實多一些操心，因為：

　　如果物價漲得厲害，而台幣又貶得厲害；

　　如果萬一增加許多額外的醫療費用；

　　如果八十五歲後失智症不幸上身 (有 50% 以上的機率)；

　　如果親人有資金需求；

　　如果不幸被詐騙集團騙到；

　　如果下一代要創業，要投資；

　　如果對下兩代要聊表長輩心意；

　　東減西扣後能用在提升生活品質上的錢真得所剩無幾，所以我的結論：

　　1. 開源～趁還可以賺錢的年紀努力賺錢，因為賺 2,000 萬會不夠用。

　　2. 節流～趁還可以存錢的年紀努力存錢，因為存 2,000 萬也會不夠用。

(157) 我認真算完之後，在沙發上想了很久！（接上篇）

　　萬一退休後連 2,000 萬都沒有怎麼辦？

　　萬一退休後真的每天只剩 1,000 元可用怎麼辦！

　　萬一退休後連出國旅遊都成問題怎麼辦？

　　萬一退休後規劃的每天五星級早餐吃不成怎麼辦？

　　萬一退休後還得工作賺錢怎麼辦？

　　萬一退休後還要賣房子怎麼辦？

萬一退休後還得伸手跟孩子要錢怎麼辦？

萬一退休後孩子還住在家裡怎麼辦？

萬一退休後孩子的孩子要我們帶怎麼辦？

此時太座似乎看出我的憂慮，笑著跟我說：「親愛的老公，你不用擔心沒錢用，雖然保單要保書上的收益人都是我及孩子加上我爸媽，但你放心，如果你對我有始有終，我也絕對有情有義，你絕對不會到街上流浪，五星級早餐費太太給你，出國旅遊老婆出錢陪你，孩子在家的開銷老媽處理，孫子的奶粉尿布錢奶奶包辦，二十年前我是你的一座小小山，但二十年後的今天，我是你的一座寶山，反正透過保單存了不少，我也不會私心全拿來用，但只要我發覺你對我三心二意非一心一意，嘿嘿！你知道的！」

(158) 同樣是業務員，我們幸福多了！

2017 全年中古屋移轉共計有 27 萬餘戶，雖然比去多了 2 萬餘戶，似乎已經走到谷底，但在市場實作時，許多房仲對未來仍不是太樂觀，主因還是都會區房價仍高，降幅有限，且有龐大的餘屋待消化！

真的，房市有太多客觀的變化，包括景氣、政策、交通、環境 ... 等不確定因素，如有風吹草動，就算自己再努力，整體的成功率卻是下滑的。房仲業雖是內需產業，但居民生食、衣、住、行、育、樂六要之一，有其帶動經濟的火車頭功能，雖然過去有一些投機客趁機炒房，破壞房價的合理性，但如果過分壓抑矯枉過正，幾年下來交易量年年萎縮，但房價依舊在高點，是否在政策上有調整得必要，畢竟投資與投機是一體的兩面，投資能產生良性的循環，應是長遠之計，但投機必非百分之百不好，有效的控管得宜，卻能帶動交易活絡，能短期創造市場應有的交易量，買賣雙方議價就會有動能，供需法則的價量原理才能落實，房價隨著市場機制回歸合理的範圍。

我們都知道，股市合理的發展應是中長期的投資，是上市公司獲得資金的重要管道，小老百姓也透過投資上市公司帶來股利的回饋，一起同享公司的成長。但幾十年來的事實是，股市除投資外也有投機的因素身在其中，炒短線賺價差，每天電視頻道老師、專家們喊得震天價響，不外是哪一支股票未來會如何如何，股價又會怎樣怎樣！其實這都無可厚非，帶動交易量及活絡股市本有其必要，如果老百姓對股市都是中長期的投資，經濟櫥窗的功能就回失色不少！總而言之，一體有兩面，並非平衡也非中庸，掌握比例原則，但絕不走到棒子的極端才是上策。

(159) 服務不是說完就算了

　　有回搭公車到實作的地點，一上車年輕的司機就說：「先生要扶好，車子要開了！」我說了聲：「謝謝！」還沒走一步，車子就飛快起動了！一路上油門剎車快速的切換，上上下下顛顛簸簸，腦袋開始暈眩，但年輕的司機卻自得其樂在每一站都會喊一聲：「先生小姐要扶好，車子要開了！」但我眼見公車上有幾位老人家連坐著都手握緊握把或柱條，坐趟公車像是去遊樂場玩雲霄飛車。

　　我想此司機的服務是不及格的，因為同理心不夠，無法體諒乘客的感受，雖然開車的技術不錯，但面對的公車族，卻有一定比例是婦女或老人家，「安全舒適」才是第一要務。業務也是一樣，體諒體會準客戶的感受，再融入對方的情感中，業務技術可問可學，但由內心發出的熱忱卻是取勝的關鍵。

(160) 35 年如一日！

　　第三本新書《在鼓舞》有兩千本要送到工作室，因在四樓且數量不少，遂請搬家公司派兩位師傅來搬，這兩位師傅早上11:00 一到，眼下有點不太協調，一位是年輕人，應只有二十出

頭，另一位已是白髮一半的老壯一輩，果是男男老少配，詢問之下，年紀大的那位已經六十二歲，而年輕人才剛學校畢業。心想，兩千本本書共一百包，每包都有近十公斤重，他們能扛完嘛？

接下來搬運的時間，年輕人倒是牛力上身一馬當先，四包一籃上背，如履平地。而年紀大的那位不落人後，三包反手提氣再上，一點看不出已經有六十二歲，雖然汗流滿面，但始終面帶笑容，我看他們搬得雖喘，但工作精神可佳，我找太座一塊下去跟他們一起搬，太座一次一包半層休息一下，我也一次只能一包上手，再多就腿軟了！

終於一小時左右搬完了，年紀大的師傅告訴我，他在搬家公司服務三十五年了，二十多歲就進這行業，還說自己可搬到七十歲沒問題，體力絕對一級棒。

其實，業務員的我們也應有這樣精神，活到老服務到老，不論現在年紀如何？只要堅持下去，就一定有路走，有飯吃！

(161)「拜訪」我解

「拜」意祈福、誠心正意的態度。

「訪」拆字為言方，意謂言正不欺，不矯情不誇張。

所以，「拜訪」如是業務上的意涵，代表我們應以恭敬的態度，良善的言詞，面對我們的客戶。

(162) 永遠美麗的焦點？

去年航空業不安寧，華航罷工、興航停工，長榮工會也蘊釀抗爭，而所屬員工心情可真是七上八下。已沒工作的在談判，還在工作的忐忑不安，昔日機場中美麗的風景，如今行走間增添一份淡淡的哀愁。「花無百日紅，人無千日好。」但誰不想千日好萬日好，然而世事多變化，萬一客觀的條件一改變，一夕丕變，措手不及之下，已無力翻盤。

職涯可是長期的規劃，我們希望能閃亮登場，更希望能完美落地，但如果事業會隨著景氣好壞、產業消長、公司興衰而潮起潮落，將對個人及家庭隱藏潛在的生存威脅。所以，工作應能操之在我，100% 主宰事業的發展才是長遠之計。我認識幾位處經理，先前就是空中小姐，但沒幾年就退了下來，毅然投身業務的領域，大展抱負不落人後，短短幾年下來，已有屬自己的一片天，且未來應有千日萬日閃亮的日子。

(163) 組織發展要有三種人

　　1. 自然人～也就是自己的努力不懈，把自己訓練成識人慧眼的伯樂，探尋細巷暗弄中的千里良駒。

　　2. 法人～代表公司的成長與發展，是組織發展的航空母鑑，我們必須護衛同行，攻無不克戰無不勝。

　　3. 團人～代表以通訊處為單位的團隊，共好共榮同心協力，出一力而得百利的大家庭，組織發展必能得團多助。

(164) 唐僧的宗教家精神

　　西遊記中的唐僧肉體凡胎，沒啥功夫，除妖靠徒弟，再不行得求神仙及菩薩幫忙，一路上擔心受怕，驚魂不斷，但心中到西方取經的意念卻完全不動搖，甚至有幾回劫難，徒弟們都勸師父要放棄時，唐僧面不改色，禪定如一，上馬繼續西行，歷經九九八十一難，天竺雷音寺得見「如來」，取回真經無數，功德圓滿。

　　宗教的力量令人不可思議，面對自己的事業也能有宗教般的信仰，用高度的工作熱忱，面對一切挑戰，相信阻礙依舊，但成功在望！

(165) 掃街之「三國」版圖之爭

　　掃街剛開始絕非死守一區，因為拜訪的母數太低，不易見

到實效，所以必須不斷開闢新戰場，擴張拜訪的勢力範圍，畢竟掃街是競爭的通路，唯有進攻再進攻才是唯一圖謀之道。

歷史中三國時代最為人津津樂道，三國鼎立也三分了天下，魏、蜀、吳在分立前期互不相讓，互有攻伐，不論曹軍南下，還是孔明六伐中原，抑或孫吳稱帝，都有一統江山的野心，但在三國的後期，蜀阿斗樂不思蜀，吳帝殘暴不仁，都安於現狀，無心北進，但魏不同，曹操後繼曹丕至第三代雖也不繼，但司馬懿異軍突起，一統野心昭然若揭，大軍揮鞭，於子司馬昭時終歸一統。

所以說，DS是競爭的通路，擁有野心及雄心是必備的態度，如此才能開疆拓土，奠定永恆的基業。

(166) 論《水滸傳》之組織發展

三十六天罡七十二地煞，一百單八條好聚義梁山替天行道，因官逼民反，結草為盟，自成一股能與官兵為敵的民間力量，為首宋江宋公明，為人疏財仗義，好結各方好漢，雖終為草寇，但北宋末期朝政衰敗，高俅、蔡京之奸人當道，民不聊生，冤屈四起，而八方豪傑，在宋江的號召下，齊聚梁山泊，與腐敗勢力對抗。

先不許論梁山好漢的行徑，畢竟落草為寇非善良社會所能接受，況且許多盜匪打家劫舍，亦不是正當之法。但水滸中的英雄，可是個個有來頭，沒有三兩三不敢上梁山，每個好漢都是一方之霸，如禁軍教頭林沖使一手好槍，花和尚魯智生倒拔垂楊柳，行者武松双拳能打虎，黑旋風李逵手提大板斧無人能擋。

其實，其中最要是宋江，能運籌帷幄，吸納各方豪傑，壯大組織，形成勢力。如單純從業務組織發展的角度來看，有幾點可借鏡：

1. 確立組織的中心思想～「替天行道，濟弱扶傾。」

2. 管理階層，有宋江穩住陣腳，吳用出謀劃策，入雲龍通曉天文地理，完美的決策團。

3. 山上好漢個個是能手，都有以一擋百的能量，自然戰力可觀。

(167) 紅樓夢之業務觀

紅樓夢一書共記載男三五三人，女三一三人的事蹟，合計六百四十六人的大家族。其中小姐有十二金釵，丫鬟不計其數，而在眾丫鬟中有一人很有地位，此人非寶玉旁的襲人，而是賈母史太君旁的鴛鴦，此女深得賈母信賴，生活起居很依賴她的照顧，甚且家私也託其管理支應，雖是丫鬟身份，連王熙鳳總管亦得讓她三分。

話說回現在，站在業務的立場，如有這樣的家族可經營，鴛鴦是 Keyman，因為：

1. 身份不高，所以好親近，容易見到面。

2. 公信力夠，大夥信得過，關係發展得快。

3. 深得主人喜愛，業務的阻力較低。

4. 鴛鴦人品忠誠正直，轉介的成功率高。

而店訪雖是陌生市場的經營，但成為客戶後的緣故化作業很重要。因為由點到線到面的經營過程，最早的「點」並非是我們主軸，有可能關鍵人物會改變，我們隨時能察覺人際的變化，改變路線，找到更長的線可發展，以延長這條人際系統的命脈。

(168) 挫折時，我會想到他！

蘇東坡眾所周知，是北宋的文豪，詩詞書畫古文，無一不精，許多曠世作品，人人朗朗上口，傳訟至今。但他最為人感佩的是官宦之途的流離顛沛，真可謂載沈載浮，因非政治正確，政敵不少，皇上也不太喜歡他，幾經流放，最南到了海南島，

但貶謫並沒打垮蘇東坡的意志，反道隨遇而安，本份作事，而其文學上的創作，卻在流放的歲月中日臻成熟，攀上顛峰。

其實，打擊、挫折、潰敗往往是舊軀殼蛻變的開始，而另一種浴火重生的新生命悄然出世，以退無可退的戰鬥力，面對現實生命的挑戰，然而所噴發的力量卻如火山爆發，驚天地泣鬼神。

掃街是辛苦的，其苦來自內心的感受，而非體力上的負擔。過程中的遭遇可謂一把眼淚一把鼻涕，心酸苦楚無人知，點點滴滴皆故事，痛苦總在心中迴遶。但殊不知，面對痛苦時刻卻是我們新生命的誕生，也是自我快速成長的開始，如能進一步接受痛苦，再能習慣痛苦，最後就能超越痛苦，與痛苦為伴，如此一來，痛苦不將再是痛苦，而是新生命的力量與底氣，表現在外就是豁然大度的胸懷與風範，自我的改造借困境而完成。

我想蘇東坡被貶海南島時，之所以能甘之如飴，或許他想，往南已是大海一片，退無可退，接下來只有北進一途了！心境一改，他居然在海南瘴癘之地活的好好的，最終能再度北上中原，成為北宋文壇霸主。

(169) 難得糊塗

鄭板橋書「難得糊塗」膾炙人口，成為許多人生活哲學的一部份。其實業務員的「糊塗」，亦是溝通中很重要的催化劑，尤其是店訪，「裝糊塗」是一種引發對話的方法，一句不清楚不了解或是不太知道，也許對方就會侃侃而談，雖然我們已心知肚明，但在對方的回話中，可探知部份個人資料，甚且可局部了解對方的人格取向。總之，對方的話就是參考的業務訊息，對銷售是有幫助的，我們的「假裝」會誘發更多的「真象」，而真象愈多，和陌生人的情感才能拉進，信任度也就上升了。

難得糊塗卻是真智慧，人平時太聰明，不若適時糊塗更有智慧。

(170) 刺激效應

大家都知道有一則故事，有位穿著平庸的女士，到名牌店看衣服，店員看她一身打扮就心知買不起高檔的衣服，服務上不甚積極，當這位女士想試穿某衣服時，店員一句話：「小姐，這件衣服很貴的，我看還是不要試穿，因為試穿也是白穿。」此話一出，女士火冒三丈，為了證明自己有實力，一口氣買了三套衣服，嚇得店員低頭賠不是，態度髮夾彎了。

不論店員有意或無意，首先店員的態度不對，服務不到位。但其在中銷售中的刺激效應卻顯而亦見。所以，適當的刺激性訴求，可成為加快成交的臨門一腳，但前題是無損對方人格，「尊重」是必要條件。

而「比較」最能突顯刺激效果，因為比較有高低、好壞、優劣，容易創造差異空間，一較之下知長短，當然是說己之長論彼之短，譬如說：「政府勞退沒完有了，提撥35年(30~65歲)，領不到20年沒了。我們的養老專案有完沒了，因為只存6年(30~36歲)就完，但領一輩子沒了！」又譬如說：「政府有『長服法』無『長照法』，我們的長照險就已經包含『長服』的給付在內。」

(171) 魚與鳥

魚缸的魚，不愁吃，也不憂被吃，卻無法享受大河中逆博激流的快感，也無法體會大海中悠游無邊的水中世界。籠中的鳥，引吭高歌，百轉千廻，卻渾然不知森林中的百禽共鳴，大山中的雄壯交響樂。

被保護的工作，有穩定的收入，固定的工作場所，卻在安逸中慢慢失去人的鬥性；在常態重複的工作流程中，最終失去了人生的目標。業務工作，不穩定且千變萬化，只要不斷焠鍊自己，有朝一日絕對是海中蛟龍，空中大鵬。

(172) 負面不值錢

許多夥伴都會跟我說：「老師，你 PO 的文章都超正面，你難道在 DS 時沒有負面的情緒。」「也有，只要是人都有正、負不同的想法，何況是業務員，外頭拜訪挫折不斷，就算是無敵鐵金剛，都有英雄氣短的時候。但我深知，如果掉入負面的懸崖愈深就得花愈久的時間才能爬上來，而我的對手早已攀越更高峯，離我愈來愈遠。所以，為能迎頭趕上，甚至超越敵人，只有再回復應有的行動力一途，而正向思維，卻是不花成本又欲瞬間扭轉情勢的最佳策略，腦袋轉一轉，業績也跟著轉出來了。」

正面有百分百的價值，而負面卻不屑一顧，因為負面賺不到一塊錢，提它幹嘛！

(173) 比較效應

行員會問：「定存利率要浮動還是固定？」

行家會說：「當然是固定好。」

行員又問：「要一年期固定還是三年期固定？」

行家會說：「三年期固定好！」

行員再問：「有三十年固定利率好還是三年固定好？

行家會說：「當然是三十年固定好！」

行家接著說：「而我們有 30 年乘 2 倍，60 年 2% 以上的固定利率，不可思議吧！」

行員則說：「那我也要存。」

六十年一甲子兼一輩子的「固定保証」只在保險公司有，但動作要快。

(174) 彎曲的小河、奔騰的大江

一般河有上、中、下游，上游湍急，迂迴在山巒之間，東奔西流，九彎十八拐，找尋地形地貌中的最佳流向。至中游時，

支流匯合，水雖混但流量加大，已見碩大之魚悠遊其中。而河之下遊已是浩瀚的大江，經穿山切丘後的水系逐漸壯大，水流已見平緩且沈積物滋潤大地，所經之處已成沖積良田，養護著千萬人的生活。

業務的旅程，也如小溪到大江般的進程。潺潺小溪就像一己之力，遇山彎道，逢石湍流，適應大自然的環境變化，但隨本職學能的進展，強化人力資源，我們正在壯大強健，而此時我們已非單兵作戰，有新夥伴加入陣營，整體戰力已然成形，如河流已形成水系，影響的地域橫亙千里，而保險事業已如長江黃河般綿亙千里。

(175) 石門一日遊

昨日與家人同遊石門水庫，再次品嘗美味的活魚料理，不論三吃法還是八吃法，鮮魚總讓人唇齒留香，雖春雨綿綿，喝口沙鍋熱湯，心頭的暖意早蓋過外頭的寒意，花錢不多，卻有著生活中的高度滿足感。但如果每天都吃活魚，抑或山珍海味堆積如山，相信再珍貴的食材都會平淡無奇，口感會變得不敏銳，因為少了粗茶淡飯的幫襯，無法突顯高檔菜肴的難能可貴，也少了吃東西的樂趣。

我想業務工作亦是如此，平常穩紮穩打，像鴨子划水般朝目標挺進，過程中雖百般辛苦，但基盤愈來愈堅固，當競賽競來臨，快馬一鞭，率先得標，成就感就如佳肴般讓人回味無窮。

(176)「儲蓄險」補「勞保」之不足

銷售「醫療險」時常講，「醫療險」可補「健保」之不足，因健保是基礎，但要提升醫療品質，定要商業保險去補強。如今而後的「勞保」，也可能要靠「自保」，才能補勞保之不足。以上所言，非危言聳聽，在市場實作時，幾乎90％以上的商家對勞保的退休給付是存疑的，無論是店老闆還是門市人員，看

法一致，甚且許多小店的老闆連勞保都不保，市場中對勞保有一股不信任危機。

報載去年一次性請領勞保退休給付的人增加不少，而資料顯示勞保到民國 105 年底的負債是八兆元，也就八萬個億，且目前五十一年次後出生的人，一律要到滿六十五歲才能申退休請付，而政府因少子高齡的狀況嚴重，勞保費率研擬由目前 12% 提高到 18%，有可能調高保費，但企業主對提高費率又有不同的看法，畢竟這幾年公司行號賺錢也很辛苦。

此外，目前最高投保薪資已達 45,800 元，所得替代率為 63%，但換算下來也只有 2 萬多一些，而以去年的勞保年金每月平均給付金額約 1.7 萬元來看，每日不到 600 元，顯然不足以因應未來的退休生活，因為物價也在漲。

總總針對勞保現在及未來的發展，負面的訊息太多，將來還會有，我絕不希望勞保破產，就算要破產，政府也一定會出手救，但錢的事，能救一時，但能一世嗎？不管如何發展，「勞保」的確有其不確的未來！退休養老是人生最後的黃金歲月，既是黃金就要純且硬，總不能在「問號」中度過，要能由「問號」變成「驚嘆號」也難不，就是在年輕有能力賺錢時多存一些下來，且不建議擺在高風險的管道，理財守則之一應是「穩健」，有前置的萬全準備，才是理想的黃金歲月。

(177) 高興去洗碗

今晚吃完飯，並非如往常碗、筷一丟坐沙發看電視，反倒搶去洗碗了，水龍頭一開不客氣就扳到熱水處，不一會兒，熱水一出，冰手一碰，熱氣齊出，舒服極了！管它碗筷油膩，沖洗它們竟是一種享受，實因寒流一來，取暖早已蓋過其他次要的因素。

保險業務工作，對許多人而言，絕對是件苦差事，就像洗油膩碗、筷般，喜歡的人不多，尤其要主動訴求，更多人敬謝

不敏,因為人性上並非如此。但如果環境一變,心境一改,苦差事也會變美差事,就如在寒流中用熱水洗碗,反倒是種享受。所以,業務工作如能找到更大的動機及需求,行動力就會爆發出來,打敗所有令人生畏的難題,讓業務成為一種享受。

(178) 狗年談狗

在賣場中我碰見最多的寵物就是狗狗了。大狗小犬皆有,在賣場中倒是很聽主人的話,要不趴著,要不搖尾巴看著我。

但有一回在新莊幸福路拜訪,有一隻黑色流浪犬一路尾隨我,只要我進門拜訪時,牠就在騎樓走來走去,當我一出門,牠又跟在我後頭,就這樣跟了 2~3 小時的時間,到我拜訪最後一家店出門,牠卻不見了。我東張西望卻不見蹤跡,當下有些失落,無奈回頭往停車場走去,經過佐丹奴店,卻發現牠在裏面,正蹲在門市小姐的面前,兩眼望著門市,想要表達什麼?因趕時間,我望了五秒鐘就離開了。我想這隻流浪犬應該是我掃街以來,最獨特的一日夥伴關係。

(179) 赤子之心,業務必備之!

赤子之心乃以單純之思維化為熱忱的心腸,表現出為善為真的行動面向。業務員的純真憨實是形象定位上有力的武器,消費者願意花錢購買業務員的商品,往往有一部份是因為形象上的魅力,當然形象非長相,而是一股在內而外的內涵加氣質的綜合展現,要具備的條件很多,但影響度最大的是自身的一股純真之氣,不虛偽不做作,不譁眾取寵,不巧言令色,不聰明算計,不自以為是,不世故圓滑,多一些五歲的稚氣,十歲的傻氣,十五歲真氣,二十歲的志氣,相信在銷售時絕對事半功倍。

(180) 孤鷹到野雁

如果在二十年前,你問我最喜歡的鳥類,我會馬上說是:「老鷹」,因為牠是鳥中之王,尤其遨翔天際,睥睨天下的英姿,不僅令人生畏,也令人望之興嘆!心想在業務領域一定要學老鷹般,能出類拔萃,成為佇立巔峰的菁英。

但如今已半百開外,對業務的熱忱依舊,甚更加珍惜,但心境卻有截然不同的改變。透過自己的努力,成功固然可喜,但畢竟只是自己一人在享受,就算回饋豐厚,但有的只是孤芳自賞,這種快樂顯得那麼渺小,就像老鷹的雄姿再挺,卻有英雄孤立之感。

「成就」應是共享共榮的,「榮耀」應在團隊中張顯才有味道。野雁成行飛行,身子不輕卻能飛過叢山峻嶺,靠得是雁群智慧的運作,領航雁及隊形的安排,得以讓每隻雁都能飛到目地的,避過寒冬,保住生命。而飛行的過程中,雁群亦能彼此激勵,將能量發揮到最大極限。

個人的脫穎而出而不若團隊的眾志成城,個人奮鬥有心路歷程,但團隊的齊心奮進,更有感染力,故事一個接一個,憾動人心,成為業務工作最美麗的篇章。

(181)「我超喜歡保險業務工作!」

這是 FB 的一位朋友傳訊給我時常寫的一句話,與這位夥伴在 FB 上互動多年了,她常問我 DS 的問題,也常會帶到她拜訪的心情,在字裡行間,我很能感受她那份做業務的喜悅,我曾問她:「有挫折時如何排解?」她說:「挫折對我幾乎是不存在的,因為我並不在乎!挫折不是做業務每天都要面對的事?習慣就好了,又不會有損失,做業務要找到樂子才好玩,其他都不重要!」「那妳做業務的樂趣是什麼?」「找熟人聊天,熟人沒空就找陌生人聊天,我做業務就是天天找人聊天,天南地北聊完再聊到保險的話題,我喜歡這樣的工作性質,錢也賺了,朋友也交了,這跟之前的工作差太多了,我樂此不疲!」

(182) 商品

「品」字有對人、事、物評斷之意,且是有一定高度的評價,如品味、品性、品學。而商品亦有品字,代表任何商品或是物品皆應有一定的品質,而非粗製濫造不堪使用,雖非絕對精美,但絕對堪用無慮,因為商品可是金錢所換來的。

保險商品雖是無形的一份契約,但任一險種皆是財政部核發的,也就是說,是政府在掛保證的,品質應沒問題,但過去在保險商品上卻常常出現糾紛,甚且對簿公堂,保險公司及消費者都有氣難嘸。這中間的問題點很多,但有此一狀況卻是在客戶在認知的程度及記憶上弱化了,一般有形商品,購買後回家一用便知好壞,有瑕疵亦可退貨,但保險不同,雖有契徹權,但因反應保險商品好壞的時間卻沒有這麼短,也就是說馬上辦理賠的機率不高,隨著時間的流逝,原商品的內容淡忘了,而期間保險公司也會推出新型態的商品,再透過媒體或不同業務員的傳達,客戶在一知半解的情況下,有了不一樣的商品認知,而消費者的矛盾也因此出現了。

保險是長期契約,條款上載明很清楚,但時間一久就容易忘記內容,處理此一問題的關鍵人物,還在於原業務員本身,這也是保險後續服務重要的一環。而適時保單整理或說明是方法之一,就像汽車的定期保養,但可以以「年」為單位進行,定期提醒客戶,也就是說,我們透過「制式定期」的服務方式去處理此一問題,而且也可透過此一方式引導出新的業務空間,可說一舉兩得。

(183)「犧牲」是做老闆的先決條件

保險事業就是自己當家做主的事業,要好要壞自己決定,所以要成就事業,除付出外亦多了些犧牲。我不太認同許多人所提:「保險努力打拼個三年,可輕鬆過活三十年。」因為辛苦三年後,雖有了事業基礎,但接踵的重頭戲應是組織培育、

經驗傳承與打造優質團隊的種種挑戰，尤其要懂得犧牲小我，以成就大我為己任，加大能力的釋放，成就團隊。

我曾見不少主管，一早不到八點就到辦公室，而晚上往往也是最後一位才離開辦公室，中間進進出出，忙的不亦樂乎，幾乎把辦公室當第二個家，與夥伴相處的時間比家人還久，假日有空亦往辦公室跑，整理資料、籌劃活動或安排課程，這些事旁人看不見，但自己卻默默地付出，只因心中明白，事業是自己的，但事業體內的夥伴是命運共同體，要有共好的事業才是真的事業體，這點犧牲絕對值得！

(184) 實力

有一句話講：「海水退潮了，才知道誰沒穿泳褲」，業務最能張顯與眾不同的時機，就是在不景氣的氛圍下，亦能穩紮穩打，業績依舊有水平以上的表現，這代表底子厚實，就算雨打風吹，亦能屹立不搖。但如果有效名單已不多，我們又該如何因應？短期的安排應是快速建立其他業務通路，增加有效名單。中、長期的做法，應透過增員人力補單位組的量能，如此才能長治久安，立於不敗之地！

先前單位中有一位經理，每年高峰競賽都會設定「一帶一」的目標，也就是說，高峰業績一定是透過主管組的標準完成，她會透過競賽培養轄下一位 AG 達成高峰資格，也完成升級主管。如此一來，就算個人業績不理想，尚可透過此一方法面對競賽的挑戰。

(185) 業務員的化學變化

國中課本中的化學元素週期表是學生們必背的表格，洋洋灑灑一百多種，有些同學倒背如流，我則頭昏腦脹，如再加上實驗出的化學代號，只覺得這東西學問太大了，光是兩個氫一個氧會變成「水」，就讓我覺得不可思議！

在業務領域有一些時間了，我發覺每個新人走進保險業就像是一個單純的化學元素，而周圍的同僚是其他的元素或已質變為其他物質，大夥朝夕相處，本身會產生本質的變化，有如近朱者赤近墨者黑的效應，環境氣氛好會帶動成長，環境不良會影響個人發展。我常看到的現象，只要是優質的團隊，通常競賽中產生「會長」或極峯菁英的比例就高，而上高峯的人數是用遊覽車的數量來算的，當然最實惠的回饋是大家都口袋滿滿，尤其是單位中初期不被看好的夥伴，經過環境的薰陶後判若兩人，絕非昔日吳下阿蒙，如化學中的鐵變成鋼，再加上其他的元素，如今已是超級合金鋼，無堅不摧。

(186)《拜訪春天》

　　《拜訪春天》是旋孝榮先生唱的一首民歌，旋律好聽，容易上口，是我少數能開口的一首歌。如將歌名倒裝一下就是「春天拜訪」，倒有十足的業務味道。曾有句玩笑話：「春天不是讀書天」，顯然享受春光應在青山綠水之間，賞花觀瀑更待何時！白居易《春曉》：「春眠不覺曉，處處聞啼鳥。」更貼切說明春天令人沈醉、陶醉到想昏昏欲睡。

　　然而就業務工作而言，春天是四季的起點，好的開始就是成功的一半，能穩住春季，就容易穩住全年，如能在第一季配合競賽，達全年目標額的 40%~50%，接下的九個月就能放手於增員作業，在人力上佈局策劃。所以說，每年的第一季 (我通常是計算每年二、三、四月) 應是全力衝業績的時段，如有帶新人，也會訴求達標升級的動員階段，大夥勤拜訪，春雷一聲吼，業績無上限！

(187) 增員就是傳承銷售

　　業務以銷售為依歸，但銷售不單是指個人的業績展現，如能將己銷售技能及經驗傳承下去，讓轄下夥伴也能學習且發揮

出來，相信這比自己成交 Case 更值得喜悅。

還在業務單位時，晨會後的區單位分享時間，除夥伴問題處理外，短短二十分鐘的時間，主要是針對銷售保單的話題討論，不論是話術、商品利基、商品反對問題都可相互溝通，集思廣義，那怕是夥伴提出一條小小的話術，都值得鼓勵。而我則更樂於一抒己見，若能得到夥伴們的認同，自是心花怒放，若有夥伴因此訴求而成交，更為可樂。

能擴大銷售寬度的絕非個人的智慧，而是集體的創造，有創造的智慧加上參與的樂趣，成就感亦在其中。

(188) 團隊造勢比個人造神重要

「勢」乃一共襄盛舉的參與，能展秋風掃落葉的旋風，又能發揮橫掃千軍萬夫不擋的力量。然而「勢」的形成，非個人式的英雄號召，這中間有眾人的智慧，集思廣義後終能眾志成城，而成功最大關鍵在於能集眾人於一心，朝共同目標挺進，如團體的馬拉松賽，有人能一馬當先，有人竭盡所能，但無人向後或停下腳步，團隊的箭頭始終是向前方邁進。

所以說，在團隊中能造勢是重要的，有勢頭就能生成旋風，而旋風產生磁吸效應，各方人馬風塵僕僕飛奔而來，而團隊的夥伴人人雨露均霑，組織的人力將以倍數成長。俗話說：「勢不可擋！」有氣勢就是能勝券在握。

(189) 袋袋相傳

保險的「菁英」不單是指業績上的表現，更應是人力上的成長。成交保單是從別人口袋的錢放到自己的口袋，而增員是將自己腦袋中想法導入別人的腦袋中。一個「口袋」是看得到的東西，一個「腦袋」是看不見的價值認同，但兩袋上下要並用，事業才能魚與熊掌兼得。

(190) 地緣的刺激效應

　　先不從業務的角度來看刺激效應。刺激效應在國與國或地區與地區之間也屢見不鮮，譬如新加坡的進步，馬來西亞看在眼中，不得不追；中東以色列的一枝獨秀，阿拉伯世界必須迎頭趕上；咱們台灣上世紀八十年代的經濟奇蹟，帶動中國大陸的改革開放；而中國大陸近二十年的崛起，印度有樣學樣，處處跟進。所以刺激會帶來進步，良性的競爭就是人類文明的根源，若是置若罔聞或是視而不見，國家只會被別人放在邊角，若能痛定思痛，反省檢討，不論現況是窮是富，就會得到別人的掌聲，自然有國際的聲譽。

　　所以，業務夥伴也要有假想敵，為自己找到刺激的因子，但此人非天邊彩虹，而是眼前玫瑰，他正紅如玫瑰花瓣，但枝幹又刺得你牙癢癢的，然而你每天或每週都要面對他的人，面對他帶給你的挑戰，那種不適或不安的感覺讓自己渾身不對勁，但始終必須正視他，只要你正視他愈久，你會發覺，你正在內造也外變，不服輸的本能如火山噴出漿，熔岩比玫瑰更紅更壯麗。但記得，此人亦是貴人，且就在我們舉目可見之處。

(191) 從配角開始

　　事業本就有一個舞台，我們都是演戲的人，但戲能演得好，非只需主角，往往配角更能烘托主角，增添整齣戲的可看性，因為戲的轉折及鋪陳，是靠配角在節奏上精準的掌控。

　　組織或單位中，更不可能缺少配角，因為配角有綠葉的功能，雖沒大權在握，也沒眾星拱月，但團隊之所以能人潮滾滾欣欣向榮，往往是這些人的從旁協力，邊鼓敲得響，氣氛就能很容易散開。如要鳴槍起跑，這些人絕對馬上呼應；如要辦個活動，這些人立馬報名；有夥伴業務低潮，加油打氣從不漏氣；夥伴間有衝突，和事佬是他們；沉悶的空氣中，他們一笑展窘境。雖說是配角，但他們能顧大局，知道犧牲小我，完成大我。

(192)《新國富論》

國富民強才能建構偉大的國家。《新國富論》一書探討了世界上許多國家在二十世紀「窮與富」的原因，其中除地理位置的看法外，作者認為西方諸國之所以能雄霸世界，其中「好奇心」是關鍵因素，因好奇心的驅使，他們不僅在美洲西部開荒，全世界也萬船齊發，所到之處，掠奪殖民地資源，創造個人及國家的財富，種種的事跡皆因西方民族的血統中有征服的野性，亦有好奇心所帶來了創造力，透過工業革命中自動化作業的帶動，18~20 世紀的三百年，地球有了翻天覆地的變化。

中國明朝三寶太監下西洋，船隊千艘，最遠到了非洲西岸，但只是宣揚國威，因民族性使然，無資源的掠奪，亦沒有建立完整商業活動，只見「到此一遊」的意義。我個人並不認同以殖民的方式，榨取在地的資源為已用，且一切以商業利益為最高原則。但我認同人應隨時有好奇之心，不安於現狀，向未知挑戰，勇於突破現狀，找出新市場，享受辛苦後的回饋。

如是以業務的精神來看，就是要有向不同領域或通路開發的行動力，也因為如此，業務就隨時可能有新的奇蹟呈現，業務的新大陸非遙不可及。

(193)「假」多真的好嗎？

2018 年才過，在網上已有人在盤算明年二月的年假，如果巧妙運用加上請累計年假，整個二月可不用上班。老實講，看完這則訊息，如果是內勤工作人員，尚無可厚非，若是業務夥伴，如果一個月不用上班，不只全身上下不太對勁，口袋也會拉警報。

「時間」是老天給任何人最公平的禮物，許多人就是透過歲月的打拼而功成名就，掌握分分秒秒就能掌握未來，如果我們覺得一切的條件或背景都嫌不夠，光陰卻給了我們翻身的機會。如今社會發展條件不比從前，三、四十年前，處處是商機，

誇張的說遍地都有黃金，但如今盛況不再，但職涯要發展，而「時間利用」是在競爭環境中異軍突起的因素，如又能在「時間管理」上運用得當，因而產生時間「質」的提升，時間就能變成發展的空間。

要擺脫如今社會低薪的困境，我們的付出會更多，但絕對值得，因為能在客觀條件不佳的情況之下異軍突起，就是更了不起的成就。「時間」是寶，如週休二日變成週休一日半，每週多出半日，一年就是多二十六天，也約多了一個二月份，別人一年十二個月，我們有十三個月奮鬥，相信離成功絕對更近一些。

(194) 成長指標

就國家發展而言，有各項指標可參考，如經濟成長率、國民生產毛額、進出口成長率、國民所得 … 等，透過總體經濟的精算而得。

而個人年度的各項數據又如何能算得準？尤其在業務單位，有效的數據更能預估未來的目標及執行的效能。許多夥伴或許會以收入或 FYC 當作參考，依此反應成長百分比，但年度中許多的因素卻可能影響執行的效率，譬如說 106 年底的停售效應，不僅可能低估 106 年度的成長率，也可能高估 107 年度的業績，但停售影響程度的大小，實非個人所能精準探知，要如何能化解此一問題？「歷史數據」是重要的研判方法，可以以過去三年或五年的業績平均成長狀況為標準之一，或過去兩、三次停售的表現為參考指標，去核算年度的業務成長率。此外，個人的行動因素或期望值也必須涵蓋在內，如此的成長指標才具有意義。

(195) 在醫院，有錢有尊嚴！

如是小病小痛，門診或住院三兩天的狀況，健保足以應付，

且感覺不到太大的差異。但如有手術或達一星期以上的住院，健保在各方面資源就略感不足。別的不說，光是病房的空間就不同，四人一間與單人房的照顧就明顯有別，尤其需要安靜療養的病患，太吵雜的聲響往往成為病患的負擔，而照顧的人也無法細心全力的看護。此外，如有全身護理及清理的需要，相信在單人房更有隱私可言。

生病是身體的痛苦，好的療養很重要，能讓病患無顧慮的接受治療，且在有尊嚴下接受照顧，相信對病情絕對有幫助。

(196) 拜拜、拜年、拜訪

過年祈福到宮廟拜拜是傳統的民俗活動，希望神明們保佑家人幸福、健康。而過年期間許多人也會到長輩家拜年，這是對長者的敬意，表達親人間的關懷之情。所以說，拜拜或拜年都有祈福且是善良文化的延續，所謂「有拜有保庇」，求心安也望平安。

做業務要拜訪，也有「拜」字，應指以謙誠之心，與對方進行訪談，進而朝業務的方向前進，但過程中態度是恭敬的，訴求是正當的，結束時是愉悅的。因為是「拜」訪，所以我視對方為親者或長者，甚且是帶給我們福報的神仙，只要內心存敬，拜訪就是福至心靈的活動，保佑自己也庇護家人。

(197) 保險是信念至上的事業

在保險業已堂堂進入第二十六個年頭，過程中有苦樂有喜悲，嘗過挫敗後的無奈，也領會堅持後的甜果；知道在銷售中唯有不斷充實自己才是王道，也深刻認知人性中有矛盾亦有契合。老實說，其間曾多次自問：「葛京寧，你真的適合當業務員嗎？」每當想到此問題，總會聯想到許多行業的優秀業務員，他們展現自我抑或推銷商品時的那份能耐，能言善道口若懸河，似長江黃河般的奔流，又有如瀑布一瀉千里的能量，欣賞他們

之餘，實覺與自己有著一份距離感。

那距離有點隔行如隔山般的生疏，也有說不出來的差異，只覺得如果要我賣他們的商品，我一定勝任不了，且也賣不了多久就改弦易轍，但賣保險卻能一待二、三十年，何也？我深思也冥想，想起初入保險業時，訓練教材第一章就提到保險的功能及意義，不論是責任、互助、降低風險消化損失，還是人類偉大的發明，銷售的初期那是專業的學習，屬人力資源的培養，但隨著時間的進程，現實的生活中，一個接著一個的真實故事，印證書中所言不假且歷歷在目，原來保險的確幫助了我的親人及許許多多的朋友，不虛假不誇張，隨著人生不同階段的到來，讓我覺得工作的內涵是不同的，因為它的信念在我心深處烙印愈演愈深，而銷售的功能淡了，推廣理念的意識強了，因為使命感在驅使，有如信仰般的熱忱在人羣中迴盪！

(198) EQ 博士

書能讀到博士不容易，鑽研學問過關斬將，窮盡腦汁讓智慧發光。博士是社會菁英，但必畢是少數，且隨年紀增長，如欲再深造，真有力不從心之感。

人有智商也有情商，然而智商天註定，要高要低真是無能為力，但情商不同，它是一種淬煉，也是修為，並非是腦袋中的智慧，屬心境的調適。也就是說，當人身處不同的環境之下，如何能善用各項資源，吸收更多人的智慧，且能調和氣氛，展現穩如泰山的架勢，不卑不亢，不徐不躁，凡事從容不迫，淡定心情面對周遭的人、事、物。

智慧是個人智能的展現，但情商不只是個人的情緒的好壞，真正好的 EQ 是團隊資源共享與共榮。但如何能發揮整體的力量？重要的是團隊中每位成員的情緒互動是正向的，將每個人正向的因子有效擴散在團隊中，驅使朝共同目標挺進，影響所及，人人皆是 EQ 博士，相信這個博士班不僅與眾不同且光彩耀眼。

(199) 不禁一番寒徹骨,那得回溫如此香

今天已回溫到攝氏 17 度,比起前一週的寒流來襲,顯然身上輕了不少。但回顧兩個月前,氣象局預報將有 20 度以下低溫來襲,呼籲老百姓要準備禦寒,當下只能讓人覺得相同的溫度,卻有此一時彼一時之感。

其實人體的生理機能彈性很大,只要稍微調整即可適應新的環境。而心理層面也是一樣,只要習慣於新的領會及感受,就能戰勝新的挑戰,將不適及挫折降至最低。所以說,掃街雖是辛苦的,但如能習慣它的模式,自然能找到因應之道,苦中有樂,拜訪的香氣撲鼻而來!

(200) 人體很脆弱,但人性很強大

花蓮七級地震,樓層塌陷大廈傾斜,多人傷亡受傷失蹤,救難救急搶救生命,同胞有大愛,協力共集氣。台北已有四級震度,家人且驚嚇不已不知所措,七級的花蓮,相信只能用恐懼來形容。

此次地震再次證明自然界反撲的力量是人類無法招架的,而且瞬間就能瓦解,人類不僅勝不了「天」也勝不了「地」,人類雖是萬物之靈,但在地球大哥眼中,我們力量小到如螻蟻,吹一口氣,我們東倒西歪;翻一下身,我們前傾後仰,昂昂八尺之軀,無立足之地!

但人類有智慧,能集眾人的力量,相互扶持,有錢出錢,有力出力,人饑已饑,人溺已溺,在萬般無奈之際,人性的光輝在苦難中有如明燈,這是人類永恆護身符,不論世態多變天災不斷,人性的良善就是力抗大自然的唯一良方,我們要珍惜且發揚!

(201) 震出溫暖

伸出援手搶救生命,黃金七十二小時不分晝夜,只為有同

胞之情，鄉土之愛，大夥的命運其實是相連的。如果不只是黃金 72 小時，而是 72,000 或 720,000 小時，我們的愛盡情大鳴大放地久天長，社會應會更和諧，而和諧的社會絕對是國家力量的一部份。

地震是令人恐懼的，而造成的傷害更是令人痛心，但人性的溫暖油然而生，大愛處處像寒冬中的火炬，願這把溫暖的火，永照大地。

(202) 雪景～美景～願景

寒流帶著水氣，玉山、合歡山、太平山初降瑞雪，電視中白雪皚皚玉樹瓊枝，煞是好看！而許多人更是趨之若鶩，趁夜往山中跑，只望能一睹晶瑩世界。但有雪的地方是寒冷的，人的身體必須加重加厚保暖衣物才能抗寒，加上交通的不便利，車行其中，除雪鏈設備外，駕駛技術也是一大考驗。但這些問題都不重要了，亞熱帶的台灣有雪景，再困難都要參與年度盛宴。

業務有願景，許多夥伴都為了心中的事業藍圖打拼奮鬥，就像畫一幅風景畫，沒人希望半途而廢，總是窮其心力，希望事業如畫中美景美輪美奐。所以說，如果願景是美景，而美景是雪景，抱著去看雪的衝動，願景將會成真！

(203) 六年期儲蓄險話術 (預定利率 2%，六年總存 100 萬)

1. 快速領回，年頭繳年尾領。

2. 繳費期間比銀行多半碼，繳費期滿比銀行多 3 碼。

3. 繳費期間玩國內，繳費期間滿玩國外。

4. 六年後每年領回 2 萬，一直玩一直領，一直領一直玩，玩到不想玩再將 2 萬當年金。

5. 每年 2 萬年金，就當月退俸，金額不高但不無小補，每月到五星飯店加菜一頓，感覺還不錯。

6. 領到不想領，吃到不想吃，100 萬本金依舊金光閃閃，一桶養老金無後顧之憂。

7. 也就是說，現在辛苦存 6 年，未來有旅遊金、月退金、養老金，一舉三得，得之容易。

8. 現在存短短，以後領久久。現在存少少，以後領多多，人生會是養樂多，養老樂趣多很多。

9. 簡單的說，本方案存 6 年，可享受 60 年。

10. 銀行 6 年給你一筆錢，我們 6 年給你一輩子的錢再加一筆錢。

11. 2% 不多，六年後的每年 2 萬，卻是世界最浪漫夏威夷淡季的回來機票錢，碧海藍天離我們不遠，恐龍灣就在眼前。

(204) 殘扶險話術 (一)

(各家保險公司內容略有不同，應調整之！)

1. 意外狀況有三種：A. 身故 B. 傷害 C. 殘廢，其中殘廢對身心傷害最大，費時最久，花費最多，「殘扶險」只要是 1~6 級殘廢除有「殘廢保險金」外加「生活補助金」，「殘廢保險金」最高 48 萬及「生活補助金」每月 2 萬，最高 1,200 萬，一兼二顧，面面俱到。

2. 疾病也有三種：A. 身故 B. 住院 C. 門診，其中住院的狀況及須考慮的因素最多，是否有動手術？住院多久？醫療的品質？都跟牽扯到醫療費多寡，我們「殘扶險」只要因疾病造成殘廢狀態，都有殘廢補助生活的安定基金，出院後可安心療養。

3. 保險商品也有三種：

A. 除主約外，附約是純消費性，傳統的醫療險附約及意外險附約即是如此。

B. 強調養老儲蓄。

C. 兼顧醫療及殘廢照顧，保費亦能有去有回，我們「殘扶險」都能兼顧

(205)「殘扶險」銷售話術（二）

1.風險係數最高的是「意外險」，光交通事故每年就有二十萬件，平均每天近550件，十大死亡原因中「意外身故」排第五，平均1小時18分鐘身故一人。但一般意外險只含身故、全殘、傷害，但我們更能兼顧殘廢後的安養扶助及特定傷病的給付，涵蓋的範圍更廣更完善。

2.一般意外險只能算是「半套」意外險，額度不夠，範圍不寬。加上我們全方位的殘廢扶助險，才具有全套的照顧功能。

3.「創世基金會」一位難求，就可知道社會的角落中有許多人需要長期照顧，而且許多都是因為意外發生所導致的狀況，其中有很高的比例是年輕人，所以長期照顧絕非老年人的專利。

4.因為年輕人平均餘命較長，萬一發生長期照顧的狀況，拖的時間就會更久，當然支付的照顧金就會更多，且失去工作賺錢能力，實質上是兩種金錢損失，所以殘扶險更是生活中不可或缺的重要規劃。

(206) 藥劑師的話

今日中壢實作，拜訪中正路上的一家連鎖藥房，櫃檯內是一位從台南到桃園工作多年的藥師，她人親切也健談，話題聊到「老年失智」，她說目前失智的狀況不再侷限在老人家了，許多四、五十歲的中年人就有腦萎縮的狀況，且此一狀況有在擴大的現象，值得注意。

我想以後「老年失智症」應不再冠上「老年」兩字，就直接叫「失智症」即可！眼下我們所吸的空氣，所喝的水，所吃的基因改造食物，都有可能會讓腦袋提前病變，文明病已不再是以年齡的高低來區分，加上癌症的無藥可解，現代人真要在乎生活的支支節節，馬虎不得。

(207) 服務真的很重要

今日依舊在中壢站前實作，拜訪一家老字號的服飾店，老闆娘已經營這家店二十多年了，連替兩位小孩買的保單都快到期了，但老闆娘對投保公司的業務員卻頗有怨言，強調一年要繳十多萬元的保費，平常卻不見業務員來服務，只有收費時會來收保費，二十年共繳了近300萬的保費，也算近半棟房子的價格，但連上回小孩要辦理賠都還是透過另外一家公司的業務員來處理，心中實在不是滋味。此時，老闆娘說到激動處還一直猛搖頭，似乎千言萬話不若搖頭感歎更來得直接，而我們在旁也只能安慰，雖然強調服務依舊可接手，但對方又只是搖頭不語。

我想許多客戶買份保單的目的之一，絕對是認為後續的服務才是價值之所在，雖商品是主體，但能讓主體更顯份量的卻是服務的品質，這也是保單銷售強調個別化的原因之一。所以，保單雖以銷售為先，但永遠以服務為本，本立則商機無限，事業方能細水長流。

(208) 保險業務是夢想的園地

早些年在天母士東路成交一位客戶，她是兒童服飾的門市小姐，當時單親，有一位尚在幼稚園大班的兒子。雖然門市的生意還不錯，但在生活及教養上的開銷略有不足，何況小孩上小學後的照顧亦需兼顧，在經過幾回的溝通後，捨門市投身保險業務，可能是個人的使命感加上過往門市工作經驗，她的表現出奇的好，整個人神采奕奕，見到她每天活力十足，自己的鬥志亦被感染。

業務的工作有順境也有逆流，但未來的夢想總是不時在召喚我們，驅使我們向廟堂之美挺進，在人生的道路上盡其所能，超越自我。

(209) 專業的傲慢

　　有一位看護士在某家教學醫院工作多年，院內環境熟，個人看護專業更不在話下，但在照顧病患上卻主觀過強，很重視看護的 SOP，雖病患的身體照顧沒問題，但病患當下心情的感受卻少了同理心，此外家屬的看法更應予以尊重，畢竟相處幾十年的親人更懂病患的習性與脾胃，加上醫生的囑咐，才能給予病患最舒適的身心照顧。如一昧導入自己的作法，雖貫徹了專業的硬度，卻少了調和心理面的軟度。

　　或許是保險業務多年的薰陶，很能體諒客戶們的心情變化，也深知能體察心理面，才能導入更多的專業領域，而信任的距離才會拉近。

★〔第三篇〕夥伴的問題

Q&A (1)

問：DS 初期在熟悉的商圈拜訪時，若遇到消費過的店家，初訪話術一樣不變嗎？

答：已消費過的店依舊可拜訪，只是身份不同。面對已熟識的門市，可先表明身份，讓對方知道我們是業務員，也可提及公司目前很暢銷的保險專案，現場可提供 DM 說明，端看對方的反應，如感覺有在專注，則可提及下次遞送建議書。

Q&A (2)

問：複訪的時候，準客戶提出他有一筆錢想了解躉繳商品，或是其他類型商品，那下次去的時候，你還是建議遵照 3 / 7 / 10 的間隔天數做拜訪嗎？還是隔幾天就可以去了？

答：時間應提早，因對方主動的需求出現了。如對方有點急，隔天就要去了。複訪 3 / 7 / 10 的天數間隔，是在對方較被動的情況下，我們自行的安排，但當下對方已有看法，可先調整成對方想接受的商品為先，所以複訪有三變：險種會變、年期會變、預算會變，而見面時間隔也是彈性的。

Q&A (3)

問：為何有的前輩做陌開很厲害？為何有的做不起來，最後失敗收場？

答：通常在是心法與技法上的差別。心法指的面對挫折的抗力，有些人視挫折為必然，不以為意，但有些人卻在挫折大時，怯步不前了。此外，是否有定時的檢討改進也很重要，惟有反思才有進步的空間。

Q&A (4)

問：複訪時感覺客人對我有戒心，我不知道該怎麼聊，於是在店都大約五分鐘就離開了！我該如何做，會更自然些？

答：複訪除了建議書的說明外，可善用「共同話題」進行互動與溝通，再運用問題切換的方式回到主題，以「促成」為目標。透過「促成」，可探知購買的成熟度再採因應的策略。複訪停留時間的長短不是最重要，當然能停留的時間稍長是最好，能多探尋資訊。但複訪首要重視的是見面次數，要「三複」才算是完成整個作業。

Q&A (5)

問：每星期兩檔次各開發 20 個名單，跟每星期四天各開發 10 個名單是一樣效應嗎？

答：效應是不同的，有四點要注意

(1) 所花的「天數」不同，二天要比四天的準備事項少許多。

(2) 集中拜訪，能多省下完整的天數，以配合其他業務活動與約會。

(3) 複訪作業也較能集中於一天或一地完成。

(4) 一週四天拜訪付出的心力遠比兩天要多一倍，但量能卻沒增加。

Q&A (6)

問：店訪會在同一個地區做連續性的拜訪嗎？大概多久回去一次？

答：多久回原商圈再做拜訪？需視當初此商圈的拜訪頻率(經過一百家店的拜訪家數)，如低於 15%，代表可以在短時間在回來重新拜訪，除非商圈內商店在選擇後，本身能拜訪的家數並不多。

此外，依正常的狀況，通常可安排一年時間再回原商圈掃

街，因為店及店員都會有些變化，可接觸新的人及店面，找到新的商機。

Q&A (7)

問：陌生客戶已有主動要求規劃醫療險，可是每次複訪，都沒有辦法成交，客戶總說不要急，接下來我該如何處理？

答：複訪有「三複」的安排，也就是說準客戶要再見三次面，期間都需有「促成」的動作，依此可判斷準客戶接受商品的及對自我信任的程度，過程中需了解對方反對問題的變化，如你文中所提，都是同一問題，那代表對方並沒有真正打算短時間內購買保險。如有考慮購買，應會有其他問題出現，建議以其他的訴求因應，譬如商品的調整、保單需求分析或健診，再看對方的反應或反對問題的變化而見招拆招。但最終複訪三次即可，若有商品的新變化，可再加做一次複訪，如最終決定不購買，必須重新判定準客戶的等級。

Q&A (8)

問：我在市場認識一位準客戶，介紹了一份二十年期的年年還本儲蓄險，她本身是做會計的，對如果萬一中間收入中斷，然後超過。寬限期都沒做復效，保單失效後連本金都拿不回來，如果這樣的話，她會比較傾向一般定存，至少中途無法在繼續存，若跟銀行解約也只損失利息或者一些本金而已，這樣的話存銀行比較適合，所以我想請教老師，我該如何回答她會比較好呢？

答：保單在繳費期間有變化，除二年停效期的方式外，還有四種方式可處理，讓保單依舊能擁有其價值：

(1) 展期

(2) 減額

(3) 縮小保額

(4) 部份解約

以上可以依已繳費年期彈性處理之！其實，儲蓄險有強迫存款的功能，應是我們每月可動資金中最重要的部份，有必要硬性處理，因為它是不動如山的永久財，每個人年紀都會大，有些錢必須留到以後，以備長期退休的使用，這是屬「生命」階段的安排。所以性質與銀行定存不同，定存是資金軟性的運用，屬「生活」的層面，以調度為主，養息為輔。

Q&A (9)

問：若是想開發傳統菜市場，如濱江市場，需要留意或預先可以準備些什麼資訊？

答：傳統菜市場我都是拜訪附近的商家，如銀樓、雜糧行、服飾店 … 等，且是在 PM12:30~2:00 較理想，因為人潮較少。其他菜販或肉攤，屬太開放的空間，人來人往，對話的效果不好。目前臺北有些大樓式的傳統市場，樓下的開放的攤商，但二樓卻有些商店，而這些商品都能拜訪，只是店家的年紀稍長，可試試「長照險」。譬如水源、南門、士東、西湖等傳統市場街可如此進行。

Q&A (10)

問：我之前有去延平北路及長安西路做過店家拜訪，但沒有成效，請問老師是否建議找那種店家呢？

答：初期建議去較年輕的商圈或選擇較年輕門市的店。譬如西門町或東區、士林夜市、台師大商圈，因為年輕人社會化的程度淺，且對未來的值望值高，較能接受陌生人的訴求。

Q&A (11)

問：：跟房仲邀約見面後是否能「經營」而非直接開口？

答：陌增的後續追蹤作業，有「五階段四現場」的模式，

類似拔河的方式，漸進由對方的陣地移向我方，而其中第二階段時，我們可請夥伴協力(如有曾在房仲工作過的最理想)，進行三方對談，透過第三人的加持與協力，增員的訴求在彼此閒聊中就容易帶出，且效果會比單刀直入要好。

而後續的安排，透過團隊的力量最省力，其中單位中軟性活動是最佳增員的場所，所以應極力邀約準增員對象參加活動，只要多參加幾次，對方就易融入羣體中，相容度愈高，成為夥伴的機率就愈高。

Q&A (12)

問：店鋪陌生增員如果有兩位門市員以上如何進行？

答：店鋪陌增理想的狀況是只有一位門市，如是兩位以上可先訴求銷售。畢竟在增員的對話中，可能會論及對目前工作的看法，有同事在是不方便談的。其次，一般店面增員是可以多次到店中聊聊，再漸次地約出來面談，這與房仲增員略有不同。

Q&A (13)

問：是否可以用團體保險作為陌生拜訪的訴求？

答：店訪的團險因店員並不多，一般個體戶的店，訴求的功能弱，此外屬中大型的連鎖商店，一般團險處理都由總公司責任，我們較難接觸到。唯一有空間的是區域的小連鎖店，家數規模在五家以內的小企業體，老闆坐陣其中一家店，此時團險的訴求較有着力點。但此類型的商店，其實透過產險中的「雇主責任險」更能吸引雇主，因費用不高，且能補勞保之不足，對企業主而言功能性強。

Q&A (14)

問：店家推銷時候會直接在現場做締結嗎？

答：店訪分初訪及複訪。初訪乃第一次見面，要成交的機會不高。而複訪有三複的作業，也就是說，有三次後續見面的機會，每次都應有締結的訴求。三複的促成中，一複及二複時買的機率亦不高，約在 10%~20% 之間，主要是測知對方購買的程度，當作後續訴求方式(保單健診、需求分析 ... 等)或是商品、預算調整的參考，加強第三複時的訴求攻勢。當然，如能在一、二複就成交，皆大歡喜。

Q&A (15)

問：現場實作的錄音檔，老師並沒有在現場要個人基本資料？

答：在賣場中是一場 Show，而且是一場由單口變雙口的 Show，所以能營造氣氛是重點，要能彼比輕鬆、自然、順暢的對話，短時間內就要能提高對我們安全感及信任度。而年齡或其他基本資料的取得，如初訪中無法得知，可在複訪作業中完成。

Q&A (16)

問：新人剛進入保險業，適合 DS 嗎？

答：適合。DS 在任何階段都值得投入，而且初期(前三個月)就會有成交的 Case，但自我的規範要強，該學該背的資料不可馬虎，拜訪的量能要正常(每週兩天即可)。但其他時間應可多安排一、兩項業務通路進行，以雙軌或多軌的方式進行，一則可更多元運用業務時間；此外也可參考彼通路的效率及經驗值，漸次建立最適合自己的模式。在競爭白熱化的保險市場，店訪有其量能上極大的優勢，但初期勿孤注一擲，能搭配其他通路是最好。如當店訪一段時間後能產生不錯的經濟效益，再全力衝刺，拉高成交率，成為主軸的業務通路。

Q&A(17)

問：掃街拜訪時，正式服裝和輕便服裝哪個好？

答：正式服裝的好處是讓對方一眼就知道我們是業務員，對方只會把焦點放在抗拒拜訪。如果我們是輕便穿著進行拜訪，因角色定位不清楚，對方很容易會移轉焦點於銷售他們的商品。而這兩者的意涵是絕然不同的，拒絕拜訪的議題是在我方，而銷售他們商品的議題卻在對方，當反推銷的話題一出，保險的業務訴求力道會差許多。

Q&A (18)

問：老師，為什麼您會設定一個月十二小時每週三小時做增員，是因為我們也要把時間加強在行銷上嗎？因為同事說增員要佔 80% 的時間。

答：陌增每週三小時只是開發名單，但後續的追蹤不在此時間內。增員與行銷的比例，每個人都不太一樣，必須先顧及收益的狀況再行調整之。但一般而言，職階愈高，增員所花的時間會多一些，但無論如何，必須保留適宜的銷售時間。

Q&A (19)

問：當我在賣場中說明商品時，對方始終無言以對且無動於衷，是否選的商品不對，當下應改弦易轍，換個商品再上？」

答：如果對方並沒有口語明白表示不喜歡這張 DM，我們就不要善改商品，因為對方的沈默或是心不在焉並非是針對商品，而是對我們的拜訪還有高度的警戒，此時先換換右口袋的共同話題，緩和氣氛才是當下要有的動作。

Q&A (20)

問：老師如果去 DS 房仲用看房子的方式去認識，會比直接去做問卷的效果好嗎？

答：房仲增員有一套流程，帶看房的方式，我沒試過。但有一點值得注意，因對方的焦點會鎖在賣房，因而角色定位會模糊。我還是建議採「問卷」為溝通的橋樑，非開門見山，也非改變角色，有點投石頭問路的味道，透過「溝通」多些互動，有效進行拔河作業。

Q&A (21)

問：如果門市正在店內整理商品，方便我們做拜訪嗎？

答：門市在整理商品，但並非在做生意，進門拜訪並不影響其業績，只要訴求得當，馬上能鎖住對的注意力，往往對方會暫時停下手邊的工作與我們對話。就算對方不理不睬忙於工作，我們易能快速判斷準客戶的級別，走為上策。

Q&A (22)

問：我們在店家初訪時會用比較大數字(如六年存100萬)，但再複訪時數字會變成(每月 3,000~5,000 元)是我們自己調底金額讓店家願意繼續聽嗎？

答：沒錯！透過金額降低提高購買的意願。但我們是降到一般陌生人能接受的行情，也就是每月 3,000~5,000 元之間。如此，一方面拉高需求，一方面貼近預算。

Q&A (23)

問：若我在初訪時，表明來意的陳述中，對方有想要插話，那我要停下來問嗎？還是不理他，我先把我的陳述說到「請教貴姓」為止呢？

答：對方想插話，我們應先停止陳述，聽聽對方說話的內容，不論正、反問題，都應要回應與解釋，見招拆招，見機行事，再調回頭進行原來的步驟。

Q&A (24)

問：看老師在賣場中總是滔滔不絕，話不停歇，雖然你會透過詢問的方式，希望對方有回應，但始終覺得都是老師在說話，這樣理想嗎？

答：其實，我也不想講這麼多話，但第一次在賣場中與陌生人接觸，對方知道我們的身份，大多數自然而然會有防備之心，要能敲開對談之門，只要在我們諸多的訴求中，能有其一有效引起對方的興趣，然後針對此一話題，進行常態性的互動。畢竟～

1. 賣場中不能有冷場的狀況，對方有不講話的權利，我們有說話的義務。

2. 賣場中能展現的專業形象，不見得是外型打扮，也不會是說文論理般的闡述保險的功能，其中流暢的口條，自然的神情，輕鬆的氣氛，更是我們博得對方信任的因素，也是我們的一場秀，只要對方願意聽，我們就要掌握展現的機會。

Q&A (25)

問：有個客戶經轉介紹來的，他要求退佣，我是不接受，那要怎處理呢？

答：退佣會退了服務品質，也會產生惡性循環，堅持底線很重要。雖要曉以大義，但說法上可強調已退佣，而佣金已建立了「服務帳戶」，凡服務成本一概不額外收費，就算帳戶已是負數，也不再加碼，但服務品質絕對是一流的。

Q&A (26)

問：已經遞送建議書，要怎麼開口詢問比較好呢？

答：複訪應有三次，也就是說，除第一次的複訪外，應再有兩次的複訪。見面除寒暄外，應詢及上次見面所談的建議書的狀況，了解對方的回應，決定下回見面的調整模式，如對於

需要再考慮，且有進一步詢問相關問題，商品就不改變。如果直接回絕，態度堅決，可再嘗試新的商品或是其他方向的業務訴求。

Q&A (27)

問：老師，要學到你 DS 的經驗，恐怕要好幾年的時間，我怕緩不濟急，能有速成班嗎？

答：掃街本就可速成，不只是因為我們量大，市場中本有許多得天獨厚機會，譬如新的店、新的人、天氣的變化、觀念及需求的改變，都會讓你的拜訪有意外的收穫，但必須落實行動力，因為富貴險中求，業績勤中現！

Q&A (28)

問：老師，DS 一段時間了，但面對陌生人還是會緊張，尤其對方的態度又不好時，有什麼方法可解決這種狀況？

答：解決的方法很多，我常用的應對方式之一，就是當作對方不在眼前，我不過是推門進行一場三分鐘的演講，如果講的不好，摸摸鼻子出門就好；如果可高談闊論一番，就盡情展現，也當免費的訓練。

【結語】

★站在最痛苦的地方，痛快卻只有一步之遙！

掃街跑店最要克服的就是心中的障礙，面對商家大門，心有所想，但愈想愈苦，愈苦卻愈跨不出那一步。此時開始徘徊踱步也裹足不前，額頭上的汗水一滴一滴地流下來，然而心中的大石頭，壓著自己喘不過氣來。

其實 DS 會緊張、焦慮、不安都是正常的狀態，但一股不服輸的「氣」，卻是我們提振再上的力量，所以許多夥伴問我：「你的力量來源是甚麼？」我說：「一股『氣』！那『氣』是一腔熱血，是一股熱情，是一種執著，是一廂情願，是別人行我就更行的霸氣，當霸氣出現，氣勢已成，緊張、焦慮、不安都是小兒科的毛病，不值一提也不堪一擊，開大門走大路，走出自己的康莊大道。」

「當兵」是永遠難忘的回憶，過程中卻是苦不堪言，每天出操上課打野外，三行四進、五百公尺障礙，當下兩眼茫然咬緊牙關，一聲令下只能奮勇爭先，緊張、恐懼再加上體力永遠透支是當時的寫照。如今想之，也不禁頭皮發麻背脊發涼，心想那些日子怎麼渡過來的。但人就是如此有韌性，當下的辛苦卻能默默承擔，千斤萬擔也挑得下來，因為日子必須往前走，生存的鬥志我們與生俱來，腎上腺素激發了無限潛能，在不可思議中我們渡過了難關。

掃街拜訪時，我們會覺得辛苦萬分，那是因為只用自己的「腦」去胡思亂想，雖有市場經驗值去衡量，但都忽略了人在高度挑戰下的爆發能量，那是明知困難當頭也要使命必達的原始力量，這股力量不因學歷不同而有高低；也不因經歷多少會有差別，它只在乎你是否願意接受挑戰？如果你點頭，這股力量

就會蓄勢待發，超出你的想像！

　　「痛苦」與「痛快」只有一字之差，許多人的感受就如天堂到地獄般遙遠。但依掃街的經驗，「痛苦」與「痛快」卻是一體兩面，凡事苦盡就會甘來，若都是順風順水的安排，何來「快感」！「快感」的「感」字是指心中的感受，這種感受是在掃街時是連貫起伏的，通常痛苦的感受會先來，但痛快的感受一定會接踵而至，因為在機率上我們絕對會遇到態度好或感覺不錯的商家，如後有成交，痛快極了！

　　站在最痛苦的地方，那只是腳下的一小塊地，想遠離痛苦，只要挪挪腳步向前行即可！因為前方有新的接觸、新的景象、新的機會等待我們，而「痛快」卻在「新」的一切中等待我們。

國家圖書館出版品預行編目(CIP)資料

陌生開發故事多 / 葛京寧著. -- 初版. -- 臺北市
: 華志文化，2018. 08
　面；　公分. --（商業經營；2）
ISBN 978-986-96357-3-8（平裝）

1. 保險行銷 2. 行銷心理學

563. 7　　　　　　　　　　　　107010170

日K 華志文化事業有限公司

系列／商業經營 2
書名／陌生開發故事多
書號／G202

作　　者　葛京寧
執行編輯　簡煜哲
美術編輯　楊雅婷
封面設計　王志強
文字校對　陳欣欣
企劃執行　張淑芬
總　編　輯　黃志中
社　　長　楊凱翔
出　版　者　華志文化事業有限公司
電子信箱　huachihbook@yahoo.com.tw
地　　址　116 台北市文山區興隆路四段九十六巷三弄六號四樓
電　　話　0937075060

總　經　銷　旭昇圖書有限公司
地　　址　235 新北市中和區中山路二段三五二號二樓
電　　話　02-22451480
傳　　真　02-22451479
郵政劃撥　戶名：旭昇圖書有限公司（帳號：12935041）

出版日期　西元二○一八年八月初版第一刷

版權所有　禁止翻印　Printed In Taiwan

華志文化

華志文化